U0555243

海盗的历史
Story Of Pirate

韩英鑫 吕芳/编译

文匯出版社

目录

1		前言
11	第一章	西班牙黄金的诱惑
31	第二章	海上弟兄
55	第三章	加勒比海盗的远征
78	第四章	地中海海盗
105	第五章	海盗的黄金时代
135	第六章	海盗的乌托邦
148	第七章	远洋海盗
170	第八章	法国和美国的私掠船
193	第九章	古代中国海盗
218	第十章	现代海盗

前言

"你和你的所有人都将被宣判,并把你们带回到你们来的地方。在那里你们会被处以绞刑,直到你们死去。愿上帝宽恕你们的灵魂。"

赫德曼上校,海事法庭主席

赫德曼上校是海事法庭主席,1722年,他在一次对海盗的死刑审判中讲了这一席话,受审的海盗有160人。这些海盗在与英国政府军舰的一次追逐战中被俘。当时领导两艘海盗船的首领是声名狼藉的威尔

Story Of Pirate
海盗的历史

关于如何惩罚海盗的插图。西方国家选择绞刑，而远东地区则是斩首。此图是1891年在香港由英国官员负责监督执行斩首的情景。

士海盗巴塞洛缪·罗伯茨。罗伯茨被英国军舰大炮炸死，他的手下人因此而人心涣散，半个小时后就束手就擒了。

3月28日审判在海堡岬（Cape Coast Castle）举行。从这里可以鸟瞰贝宁湾的美丽景色。此地也是运奴贸易的集散地，无数黑奴从这里被运往新大陆的种植园。三个星期的公开审判中有52名海盗被绞死，20人被判处7年奴役，17人被送往伦敦监狱坐牢。

同年，在牙买加也审判了一批被俘于伊斯帕尼奥拉岛的海盗，先后有41人被绞死。10月份，五名

20世纪之交，长江流域的海盗被斩首后制成的塑料模型。

西班牙海盗在巴哈马群岛的拿骚被处以绞刑。接下来的几年中,又有几十个海盗在不同的地方被绞刑处死。

18世纪20年代,被处死的海盗人数多得出奇。从中世纪开始,英国及其海外殖民地对海盗通常的惩罚方式就是绞刑。伦敦历史上执行绞刑的地方在泰晤士河北岸。那里的码头边上因为有一个竖起的绞架而得名"行刑码头"。按照习俗,犯人被绞死后,要等到涨潮的海水冲刷尸体三次以后才能将尸体搬走。而恶贯满盈的海盗头子的尸体还会被涂上柏油做防腐剂,挂在格林威治或伍尔维奇海边的绞架上,让海港上所有的水手都能看到,以示警示。其他的欧洲国家对海盗处以的刑罚也是一样的严厉。德国海盗会被斩首示众;被法国或西班牙政府抓住的海盗也会被判重刑。中国和其他远东国家的海盗会被斩首。

虽然对海盗的量刑十分严酷,但是海盗这一行从很早直到今天仍然在世界各地十分猖獗,这不由得不使人惊讶。那么,到底是什么驱使人们从事海盗这一职业呢?难道仅仅是金钱的诱惑?还是还有更深层次的动机才使如此多的人签下了海盗条款,从此过上抢劫掠夺的生活呢?

从事海盗业的原因

1724年百慕大总督霍普上尉报告说,西班牙人在海上攻击过往船只,并把船员发送到荒岛上。他说那些船员是"被抛弃的可怜的穷人",而且他警告说他们"为了不让自己饿死,只能抢劫。这就是海盗的来源。"

仅仅为了生存而掠夺船只一直都是海盗出现的最主要原因,直到今天也是这样。很多水手或渔民只会在海上讨生活,当生活难以为继时,他们就会选择当海盗或者从事走私。迪安·默里曾在她的书中提到过,中国的海盗从事的都是季节性工作,夏天的几个月里他们会抢劫船只;到了秋天就会南下打鱼。

中国清朝时期使用的单刃、木柄"大刀"。

Story Of Pirate
海盗的历史

17世纪在中美洲海岸上洋苏木树的出口业相当发达，这种树木可以给英国和其他地区的纺织业提供价值不菲的染料。西班牙认为只有它才有权对中美洲进行开发，于是驱逐所有从事洋苏木树出口业的水手和探险家。这些遭到驱逐的人要么活活饿死，要么加入庞大的海盗队伍，在加勒比海地区抢劫。

战争与和平的转换过程中也是出现海盗的主要原因。在旷日持久的战争期间，海洋国家会招募大量船员和海军。例如，伊丽莎白一世统治的最后二十年正逢英格兰和西班牙陷入激烈的海战。等到詹姆斯一世继位时，和平才姗姗来到。战争结束后，五万名水手需要新的工作岗位，否则他们就会饿死。普利茅斯整个城市里都充斥着没有工作的水手，他们只能偷走港里的船只，抢劫英国和法国的船。另外一次海盗人数激增发生在18世纪早期，西班牙王位继承战刚刚结束，英国、法国、荷兰和西班牙的海军大量退役，但却很难找到工作。海盗对这些无业的水手们来说是一项诱人的事业。

17世纪晚期到18世纪早期加勒比海上的海盗中有一些是被迫从事这一行的。他们通常都是些有一技之长的人，有的是制桶工，有的是医生。这些人一般都是海盗掠夺的受害者，他们有的适应了海盗生活，有的则忍受了多年，直到有机会逃出海盗的魔掌。

武装民船、掳获商船

武装民船多在战时盛行，等到和平到来时，他们通常就变成了海盗船。顾名思义，武装民船就是持官方逮捕许可令，捕虏敌国商船的武装船只。这些船通常不是政府的军舰而是私人船只。对政府而言，征用私人船只能扩大常备海军，而且还经济实惠。这种征用私人船只的事情在17至18世纪比较盛行。

大约1580年时意大利使用的象牙指南针。指南针是航海中最重要的仪器。从中世纪起就开始使用，与星盘一起可以绘制海图。

塞缪尔·斯科特的作品。1743年6月26日英国船只截获了西班牙运送珠宝的大型帆船。

  对武装民船和海盗的判断在于判断者出于怎样的立场。16世纪70年代弗朗西斯·德雷克对西班牙船只的袭击事件就是海盗行为,因为他们是在英格兰与西班牙处于和平时期进行的。从西班牙政府的立场上看,德雷克是海盗。但是因为西班牙是英国的宿敌,德雷克在英国却受到英雄般的待遇,甚至还被封为爵士。

武装民船是一把双刃剑。战争期间，它可以为海军提供强大的支援；但是和平时期到来时，大量的武装民船拥挤地停靠在港口，船员们找不到工作时认为还是重操旧业好。

由政府许可的私人船只在战时可以武装袭击敌国船只的行为，其实是政府支持的海盗行为。另外还有一种比较特别的官方支持的海盗——北非伊斯兰教国家的海盗，他们在地中海袭击别国商船。这些海盗根据宗教信仰而非国籍选择目标，因此，他们无视战争或和平条约。北非海盗有严密的组织形式，分赃也进行得井井有条。本书第四章将有详细叙述。

宝 藏

海盗总会受到宝藏、黄金的诱惑。中南美洲惊人的金矿和玻利维亚丰富的银矿成为两个多世纪来西班牙的美洲殖民地上海盗肆虐的主要原因。而在世界另外一端的远东，载有各种丝绸、香料和黄金的马尼拉商船成为海盗拼抢的主要目标。这些商船一般都有装备精良的武器，海盗不容易得手。但是小型的商船运气就没有这么好了。每年从印度和麦加来往的船只总是海盗的最佳目标。

渴望一种自由的生活往往是成为海盗的潜在原因。许多商船上的水手受够了可恶的船长对他们的百般苛刻和诸多残忍的做法。当机会到来时，这些水手会加入海盗或者干脆揭竿而起，接管自己的船，当上海盗。对这些人而言，当海盗并不仅仅意味着新生活的开始，它还是对他们长期忍受的暴政的一种反抗。他们通过民主来捍卫自由，船长是由船上的大多数人推举的。当然，经多数人同意也可以将船长解职。军需长也必须由民主选

这些是伊丽莎白时期使用过的圆形"炮弹"。这种简单的"炮弹"是当时所有海军使用的最主要的武器。早期的炮弹是由石头制成的，直到17世纪才改为铁制。这种武器能够对船上的桅杆和缆绳造成致命的打击。

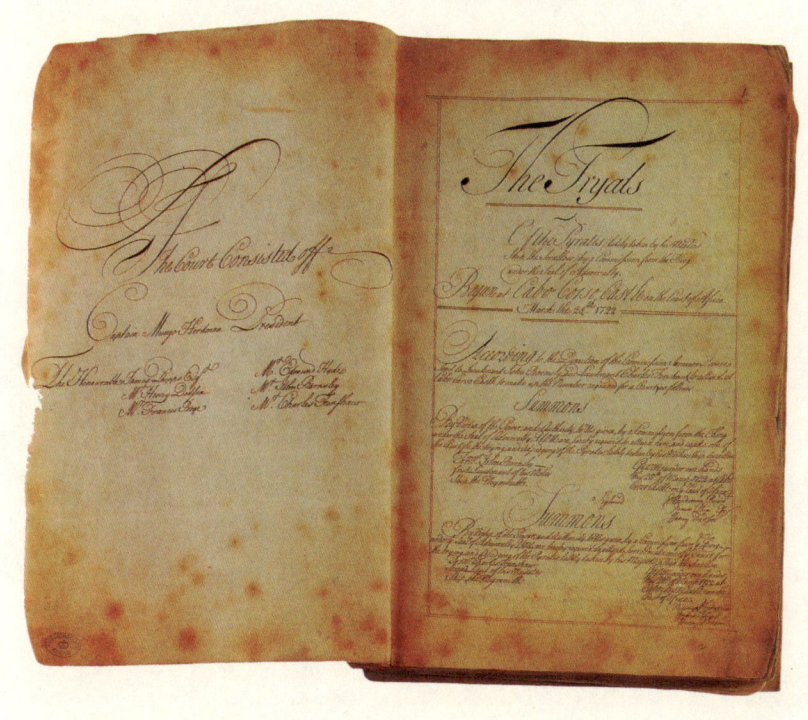

本图是一份保存在伦敦公共档案馆的文件，上面写的是1722年4月对巴塞洛缪·罗伯茨手下的海盗进行审判的文书。这份文件上记录着被捕的海盗人数以及判决决定。

举产生。

  船员必须遵守一系列行为规范和条款，每条船上的具体条款有别。这样做有利于解决纠纷和分赃问题。在17、18世纪，海军舰船和商船基本上自动地遵循一种严格的等级制度：船长和长官们要求船员们绝对服从命令，而且无论什么奖赏他们都要占一份。海盗则不同，他们抵制这种制度，憧憬着自由、平等、友爱的理想生活。这些在法国大革命期间成为了革命口号。

  年轻人愿意当海盗还因为这种生活方式更刺激，充满了暴力、性和酒精，而且还有机会环游整个世界。即使是岁数稍大的人也愿意过这种松散的生活，这远比军舰或商船上的生活要自由。但是，有数据表明，17至18世纪活跃在加勒比海和美洲海岸上的海盗大部分是二十几岁的年轻人。很少有四五十岁的人当海盗。

  海洋上的生活是枯燥而艰苦的，尤其是那些在甲板上工作的水手。他们需要掌握熟练的水手知识，成天拖拉湿漉漉的缆绳，有时还需要摆弄桅杆上的帆。这一切意味着这些水手需要生活在空气混浊的拥挤的狭小船舱里，有时还要与一船猪、马、牛、羊等牲畜共处一个空间。更不用说，海盗生活还会遇到其他的难题。

法国海军英雄让·巴尔特进行海战。作为敦刻尔克海盗首领，他在英吉利海峡袭击过八十多艘商船。后来，巴尔特率领一支法国海军打败了英国许多战舰和整个西班牙的护航舰队。作为出色的海军指挥，他被法王路易十四授予爵位。

他们不能享用港口内的供应，更不能用港内的设备维修船只。因此，海盗时时刻刻都在寻找食物、淡水和基本的器具。他们经常会袭击附近的村落抢走食物。为了躲避寻找他们的军舰，他们不得不在海上一连漂流几个星期，忍受着狂风骤雨，提防着未知的暗礁。很少有海盗能够这样生活上10年，就连布莱克比尔德、基德这样著名的海盗也不过从事这一行两、三年。很少有像约翰·沃德一样可以在晚年安享自己掠夺来的财富的海盗。

古代海盗和现代海盗

现代海盗主要出现在狭窄的海峡或群岛附近。因为在广阔的海域里不容易追踪商船，而当商船接近陆地时，躲在近岸岛屿后面或海湾里的装备精良的海盗船可以迅速追上目标。17至18世纪，马六甲海峡还有加勒比海上的大大小小岛屿链成为海盗追逐"猎物"的最佳场所。16至17世纪，英吉利海峡和多佛海峡则是敦刻尔克海盗的好去处。

波斯湾的霍尔木兹海峡是海盗最早的据点之一。这些海盗盘踞在狭窄的海峡里袭击印度和远东地区的商船，船上满载着丝绸、香料、金银、铜和柚木。许多帝王都曾尝试过消灭波斯湾的海盗。公元前694年，亚述王就曾派遣过远征军。

地中海地区的海盗的历史就要追溯到更久远的时代。他们以腓尼基商船上的金银、琥珀等货物为生。爱琴海上无数的岛屿成为古代和希腊时代海盗的最佳栖身之地。地中海海盗的故事有的还被编入了史诗。公元前330年，亚历山大大帝也曾想清剿海盗，但是种种措施都行之无效，直到两个世纪后的罗马帝国全盛时期，海盗行为仍然猖獗。其中最大的威胁来自于西里西亚的海盗，他们活跃于今天的土耳其南部海域一带。西里西亚海盗拥有上千艘船只，甚至能够打败罗马舰队。年轻的恺撒也曾在公元前78年落入这些海盗之手，并作了六周的阶下囚，直到支付了赎金。后来海盗行为猖獗，成了罗马的心腹大患。于是，庞培被派往清剿海盗，他仅用了三个月的时间终于基本上肃清了地中海主要航线上的海盗。海上船只终于得到安全保证，直到16世纪地中海地区再次出现海盗。

时至今日，海盗仍然是世界许多海域重要的安全隐患。海盗的装备随着时代的进步而逐渐发展，但他们使用的侵袭策略却一直延承古代的做法——出其不意，打了就跑。现在，有时报纸也会刊登海盗袭击船只和船员的事件，但许多事件都没有被公开报道。实际上，每年在世界各地都有数不清的海盗袭击事件发生。

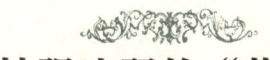

恃强凌弱的"英雄"

虽然海盗是危险的职业，但他们的形象在文学作品中总是充满了浪漫色彩，这些故事也大受儿童的欢迎。在儿童读物中，海盗通常都是寻宝人，生活中多是冒险和享乐。这些著名的读物有1883年罗伯特·路易斯·斯蒂文森创作的《金银岛》，

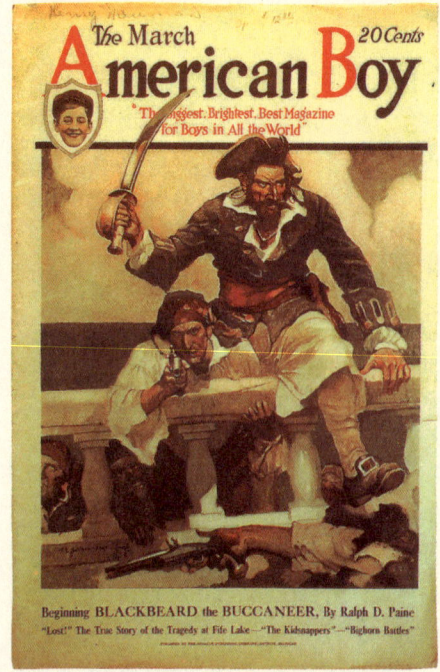

在文学作品中，海盗形象又平添了一层浪漫色彩。这幅封面画发表在1922年3月的《美国男孩》杂志上，是一篇名为《黑胡子海盗》的文章的插图。"黑胡子"海盗在历史上被作家和导演频繁地搬上文学作品和银幕。

小说中塑造了海盗约翰·希尔夫的形象，这位主人公因此而风靡全球。1880年吉尔伯特和沙利文编写的歌剧剧本《英格兰海盗》在伦敦上演。还有许多以海盗为主题的儿童文学作品，儿童们在暑假还很喜欢玩海盗的游戏。

把海盗的形象进行浪漫化处理的文学作品由来已久。1814年拜伦的史诗《海盗》一天内就发售了一万多册，这着实让他的出版商大吃一惊。随后，海盗的形象开始频频被搬上戏剧、芭蕾等不同的艺术舞台。

众多文学作品中最有影响力的两本书则是基于海盗真实生活的原型，丝毫没有掩饰海盗生活中残酷的一面。这也正是这两本书畅销的原因，书中大量记叙了血腥的袭击和杀戮场面。其中一本是《美洲海盗》，1678年在阿姆斯特丹发行出版，后来流行于法国和英国。另一本则是《海盗杀掠通史》，作者可能是查尔斯·约翰逊，但仍然存在争议。

所有的文学作品创造的海盗都是硬汉形象。当我们现在谈起海盗时总是联想到埋藏的宝藏和遥远而神秘的热带岛屿。海盗的形象总是伴随着鹦鹉、黑眼罩和假肢而出现。但事实上，文学作品中对海盗的描写并不真实。真实的海盗生活中充满了暴力、酗酒和污秽的语言。

Story Of Pirate

海盗的历史

第一章
西班牙黄金的诱惑

"陛下,我们衷心地恳求您整肃现在在印度洋海域上猖獗的海盗行为。来自西班牙的商船总是受到海盗的严重骚扰,沿岸每一个城镇的安全都受到威胁。海盗可以随心所欲地选择任何一个殖民点进行掠夺。他们甚至还自诩为"海上和陆地之王"。

哥伦比亚居民呈请腓力二世的请求

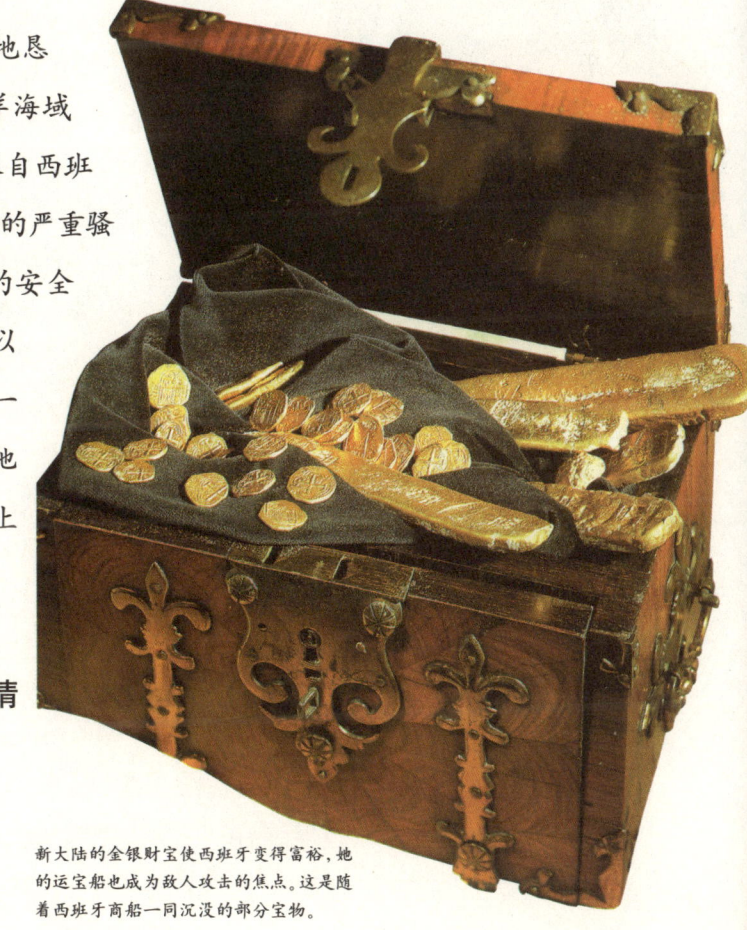

新大陆的金银财宝使西班牙变得富裕,她的运宝船也成为敌人攻击的焦点。这是随着西班牙商船一同沉没的部分宝物。

大多数精美的工艺品都被熔化铸成了金块。如图所示，这是一尊印加人膜拜的神像，起源于15世纪。

1521年8月，西班牙重兵压境，科尔特斯率军猛攻墨西哥首都特诺奇蒂特兰城(今墨西哥城)，阿兹台克族的印第安人民在考特莫克的领导下，为保卫自己的首都进行了英勇战斗。最终，阿兹台克族覆灭，西班牙军队攻下墨西哥。科尔特斯派出三艘小型帆船，上面满载着金银、玉器、华服、头饰等各种战利品，迫不及待地向远在千里之外的国王——查理五世带去他胜利的好消息。

然而，这三艘船永远也没有到达它的目的地。船在亚述尔群岛海域附近遭遇了让·弗勒里率领的六艘法国海盗船夹击。其中有两艘船被海盗洗劫一空，马德里没能分享到科尔特斯送来的战利品。欧洲的海盗也第一次尝到了来自美洲黄金的甜头。在欧洲大陆还没有完全沉浸在新大陆的巨大财富之前，只有很少一部分水手勇于远渡重洋来到新大陆。这些强壮的水手放浪不羁，在这片茂密的热带海岸上只有一个目的，那就是做生意。或者说得明白一点儿，抢劫。

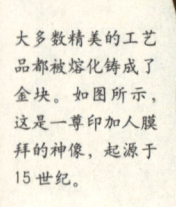

第一次浪潮：胡格诺派海盗

弗勒里抢走阿兹台克珍宝的行为属于合法的战争行为，但是西班牙人却不愿意承认这一点。对他们来说，海上抢劫不属于军事行为，而是海上犯罪。所以当弗勒里在1527年10月不幸被俘后，没有被当作战俘交换而是被西班牙以海盗的罪名处死。

西班牙和法国在1494-95，1499-1505，1508-14，1515-16以及1521-29年几次交战，为此像弗勒里一样的海盗成为合法的武装民船。1519年，19岁的查理五世被加冕为神圣罗马皇帝。加上他已经是西班牙国王和荷兰公爵，这更加剧了哈布斯堡王朝和瓦罗阿王朝之间的对立——查理五世的领地已经将法国团团包围。

在后来的战争中,法国海盗开始在大西洋沿岸活动。1525年,塞巴斯蒂安·卡伯特在巴西的桑托斯就遭遇了法国海盗。很快,这些法国海盗蔓延到波多黎各和圣多明戈的海域,他们在这一带海岸线上获得补给。

与小岛的非法贸易

加勒比海上许多没有被西班牙人占领和居住的小岛,许多大定居点的人数也随着墨西哥巨大财富的诱惑而不断减少。小岛上的人为了生存只能与法国海盗进行贸易往来。实际上,他们还很喜欢这些法国海盗,而西班牙人只能给他们带来殖民和占领。

渐渐地,这种秘密的交往盛行起来,尤其在1529年8月法、西两国恢复和平之后。尽管西班牙一再声明不允许法国船只不断来往于美洲大陆,但法国人对声明置若罔闻。西班牙和法国之间又平添了新的仇恨,这就是,对走私贸易的控制。

西班牙皇室声明任何出入新大陆的外国船只至少是非法入侵罪,如果这些船上载有美洲的货物则是走私罪,而任何抵抗国王官员的行为都被认为是海盗的作为,将处以死刑。但是这种苛刻的政策在西班牙属美洲殖民地根本无法贯彻,因为那里的情况十分复杂。1535年巴黎与马德里的关系再次恶化。法国海盗再次袭击往返西班牙的船只,尤其是那些从秘鲁返航的满载珍宝的船只。

法国海盗的这种行为使西班牙跨大西洋贸易陷于瘫痪。西班牙立即组成护航船队保障海外贸易。开往海外的船只会在塞维利亚和卡蒂兹集结,然后一直往南被护航到加那利群岛。返航的船只则会在圣多明戈汇合,途径佛罗里达海峡,再被护送回西班

印第安人受到西班牙统治者的残酷对待。这幅木雕反映的是印第安人的反抗活动。

1674年卡蒂兹海面上的战舰，这幅油画由丹尼尔·斯凯林克斯所绘。
卡蒂兹是西班牙当时的南部港口，是大西洋航海中的重要一站。1587年英国海盗德雷克率领舰船奇袭该港。1527年，法国海盗让·弗洛兰袭击西班牙运金船失败。弗洛兰和他的150名船员被当众绞死。

牙。虽然这种方法保证了船只的安全，却造成了西班牙的通货膨胀。这种情况下，外国船只的走私业不断繁荣发展，尽收渔翁之利。

波多黎各的入侵者

  1538年6月，法国和西班牙签订的尼斯休战协议并没有使双方缓和对彼此的敌意。两年后，一伙法国海盗在波多黎各的圣赫尔曼附近海域登陆，并且攻陷了该城。这种"侵略"行径更加坚定了西班牙政府的信念，西班牙一直认为所有外国武装民船根本不是光荣的战士，而是一群可恶的海盗。只要有可能，他们就会破坏自己许下的诺言。
  1542年，法国和西班牙爆发全面战争。1543年2月，西班牙在西印度群岛赢得了一场战争。当时，两艘法国船只和一艘小型补给船再次袭击了圣赫尔曼城后匆忙逃窜。西班牙政府迅速组织了圣多明戈附近岛屿上的250名志愿者，在希内斯上校的领导下，分别登上四艘大帆船进行追击。五天后，西班牙军队大获全胜，俘获了法国的旗舰和40名船员。

虽然西班牙取得了胜利，但是圣赫尔曼的居民仍然害怕回到自己的家园，他们宁愿在瓜亚基尔湾的内陆定居，这样可以远离那些入侵者的来犯。果真，当年六月份，法国的海盗船在罗伯特·瓦尔的带领下再次袭击了委内瑞拉的一个小岛，海盗把这个小岛洗劫一空才离开。此后，海盗频繁骚扰美洲各海岸，使定居点的人民生活苦不堪言。

袭击和交易

这种专横的掠夺行为一直持续到1544年9月，当时西班牙和法国签订了克雷皮条约，双方的紧张关系总算告一段落。然而，第二年，古巴和波多黎各一带仍然受到海盗的骚扰。当时有五艘海盗船和一艘补给船袭击了哥伦比亚的某个海岸。这些海盗虽然制服了前来阻击的西班牙船只，但是仍然无法顺利登岸。他们不得不和岸上的居民进行交易，卖给他们70名奴隶。这种处在强势地位上的"强行交易"在当时的海盗之间十分流行。因为这种交易能够保证两者间的合作，防止突然爆发的反抗，而且还能给当地的西班牙官员与海盗进行谈判的借口。

报复性袭击

西班牙人最终诉诸非法的行为打击法国海盗的活动。西班牙与法国官方宣布停止战争后，法国海盗让·阿方斯

这个复杂的天文仪器由汉弗莱·科尔在1569年发明，科尔是当时英国最优秀的工匠。该仪器为航海而设计，其中包括指南针、日晷等导航仪器，还刻有关于公海的各种信息。该仪器表面镀金，不使用时可以折叠。

载着一批战利品航行道拉罗谢勒一带,遭到佩德罗·梅嫩德斯率领的一支船队的报复。梅嫩德斯和所有的海盗一样勇猛,很快就收回了属于西班牙的战利品。他登上让·阿方斯的海盗船将船上的所有船员和他们的指挥官全部杀死。

多年来,加勒比海地区的船只在航行中时常会遇上海盗。西班牙政府决定即使不是战争状态,但仍然坚持使用战时的护航措施。海盗促使西班牙政府采用铁甲舰,这个决定的对整个西班牙王国起到了深远的影响。

1552年4月新的战争爆发。安东尼·让·阿方斯,已逝的让·阿方斯之子决定为其父报仇。然而,不幸的是,他乘坐的旗舰被大炮炸沉,他和他的大部分船员都命丧大海。

而此时在海洋的另一边——西班牙的殖民地,法国海盗取得了重大胜利。1553年4月29日,八艘海盗船和一艘军需船打败了圣多明戈北岸蒙特克里斯蒂陆地上的军队。城里的西班牙定居者根本无力抵抗八百多人的入侵队伍,而且其中一半以上都是火绳枪兵。对新世界而言当时的武器很昂贵,他们无法获得足够的武器作战。第二年古巴的圣地亚哥也因为同样的原因被海盗攻占。

哈瓦那的法国人

另外一次大型的袭击事件发生在1555年7月10日。那天,法国的海盗船出现在哈瓦那,几十人登上了陆地。雅克·德舍雷什带领他的手下从后面包抄,拿下哈瓦那的大炮阵地,所有的抵抗士兵都向海盗投降。

德舍雷什原来是勒克莱尔的下属,曾经因为在坦纳利佛俘获过葡萄牙船只,并把38名船员扔下大海而声名大噪。德舍雷什在哈瓦那期间,搜刮民脂民膏,无恶不作。西班牙总督安古洛在

用弹簧击发的燧发枪是16世纪70年代广泛使用的武器。当时的欧洲武器贸易十分广泛,因为那时还没有全国性的军工厂。这种燧发枪只适用于短程射击。

1588年西班牙与英国的海上大战达到顶点,当时西班牙舰队试图让军队登陆作战。西班牙的失败意味着海洋大国的均势从此改变,英国成为海洋强国,海上贸易业随之迅速增长。英国海洋势力的扩张使得英国可以向全球施展其影响和能力。从这时起,一个崭新的海上强国诞生了。

该油画作于1590年,作者不详。这幅画可能反映了格南费里尼斯战役的情景。

午夜时分发动了一次偷袭,跟随他起义的有35名西班牙人,220名黑人和80名志愿加入的印第安人。结果偷袭失败,海盗惊慌失措,将所有起义者杀害。

第二天早上,德舍雷什把许多起义者倒挂在城市的显眼处,以此警告那些想再次起义的人不要轻举妄动。8月5日,德舍雷什率领的海盗离开了哈瓦那,带走了他们俘获的12门大炮。两个月后,16艘法国船只来到了哈瓦那,他们在港口里停留,征收粮草并搜刮到许多战利品。哈瓦那的人民在德舍雷什离开后不敢进行任何反抗。

1559年,法国海盗在让－马丁·科特和让·邦当的指挥下来到哥伦比亚的圣马达。他们遭到了当地印第安人的反抗，但是终因寡不敌众，当地人抵抗失败。法国海盗派出300名火枪手上岸轻易地打败了几十个持有弓箭的抵抗者。他们掠夺战利品，勒索了四千比索。

海盗不受条约限制

科特和让·邦当不知道西班牙与法国之间的战争早在他们袭击圣马达的八天前就结束了，腓力二世和亨利二世又签订了新的停战协议。

这两个天主教国家签订的协议并没有使胡格诺海盗的行为有任何收敛。当时法国国内宗教问题的纷争已经严重危及到国家的统一，此时亨利二世又突然死于马背长矛的打斗，法国的中央统治被进一步削弱。法国的海盗更加各行其是。

西班牙则是天主教的拥护者，有些狂热的天主教徒成为走私者、海盗，以发泄对胡格诺教的不满和愤恨。1561年，西班牙海盗攻陷了墨西哥的坎佩切湾和洪都拉斯北面的几个港口。他们俘获了30名法国海盗，把其中信仰胡格诺教的海盗处决，其他人被送往危地马拉服刑。在其他地方，却有三艘西班牙船遭到法国海盗的搜掠抢劫，其中有一艘是前往洪都拉斯的两百吨商船——圣玛利亚号。

哈瓦那港是前往塞维利亚的运宝船的集散地。被护航的船只在普埃尔托贝略装上黄金后，开往喀他赫纳海港再装上珍宝驶到哈瓦那。在那里，这些船只与满载着墨西哥黄金的船会合。所有的船只在哈瓦那整装待发，航行到亚述尔群岛后受到护航船只的保护。

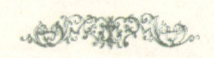

佛罗里达殖民地

1562年4月30日的拂晓时分，来自勒阿夫尔的一支远征船队出现在佛罗里达海

Story Of Pirate
海盗的历史

西班牙为了保护它的海外殖民地不受海盗掠夺，在佛罗里达、墨西哥、加勒比海地区和中美洲已经有成千上万名士兵和平民战死。

岸（今天的圣奥古斯汀附近）。为了阻碍西班牙的美洲贸易航道，法国人想在这里建立一个永久性据点。在让·里博的率领下，150名胡格诺教徒乘坐三艘大船一直向北美洲大陆腹地挺进，直到今天的南卡罗来纳州，并建立了一个据点。里博于6月11日离开南卡，并留下阿尔贝·德拉皮埃里奥上校和几十名志愿者。里博保证他会在六个月内回到这里增派援军。

然而，等他回到法国才发现，此时国内正在进行天主教与胡格诺教之间的宗教斗争，他没能信守诺言。这场长达36年的宗教斗争耗尽了胡格诺教海盗所有的扩张热情。

直到1564年里博的部下勒内·德洛多尼埃才带领三百名胡格诺教定居者分乘三艘船再次来到佛罗里达。他们在今天的佛罗里达州东北部港市杰克逊维尔建立起卡罗琳要塞。他们在这里生活十分艰苦，时常受到海盗的骚扰，还要忍受疾病和饥荒的侵袭。

里博本人直到1565年8月28日才来到新的殖民定居点。这次，他带来了六百多名定居者和在途中截获的西班牙船只上的战利品。然而，死神正在向定居点的人民走近。此时，西班牙已经派出一支舰队，由佩德罗·梅嫩德斯率领。这支舰队直逼法国人的锚地，砍断锚地上所有的缆绳。西班牙舰队的旗舰和另外四艘

一把精美的英国长剑。通常贵族和绅士用这种剑进行决斗。长剑剑术通常需要两手并用，另一只手一般持短刃进攻。此剑术由意大利人发明，凭技巧和速度取胜而不看重力量。后来，西班牙人将其改进，并设立专门学校教授技能。

船从圣奥古斯汀的港口登陆,其他两艘船前往圣多明戈运送骑兵作战。梅嫩德斯亲自带领400人向卡罗琳要塞进发。此时,里博带领大部分部队离开要塞,希望能从海上包抄西班牙舰队并捣毁西班牙的基地。由于卡罗琳要塞几乎没有防卫能力,四天后,西班牙人攻陷该地。梅嫩德斯屠杀了112名定居者,掳掠妇女、儿童70名。有60名幸免于难的人设法逃回了法国,其中有里博的儿子雅克和部下德洛多尼埃。

梅嫩德斯攻陷要塞后,将其改名为"圣玛特奥"要塞,并驻扎了300人的部队,由贡萨洛·德比利亚罗埃尔担当指挥官。回到圣奥古斯汀后,梅嫩德斯得知里博带领的法国船只遭遇了风暴,没能捣毁西班牙基地。现在他们正在经受缺食少水的痛苦。西班牙舰队趁机将其一举拿下,里博和两百名士兵于10月10日向西班牙舰队投降。他们在被今人称作马坦萨斯(即,杀戮之地)的地方被西班牙人割喉而死。

10月30日,梅嫩德斯结束战斗,带领三艘船和大部分船员驶往哈瓦那,只留下小部分部队驻守在佛罗里达。后来,他在海上又发现150名法国幸存者,这些人向西班牙投降后被送往哈瓦那。(值得一提的是,这些俘虏在船上哗变,将梅嫩德斯的旗舰驶向丹麦。)

半个多世纪以来,西班牙人一直认为海盗像魔鬼一般的可怕,因此才有梅嫩德斯对法国海盗的残忍暴行。两年半以后,法国加斯科涅海盗多米尼克·德古尔格偷袭了西班牙舰队留在圣玛特奥要塞的船只,西班牙指挥官德比利亚罗埃尔试图突围,未果。多米尼克·德古尔格将所有战俘杀害,以报里博和所有船员被割喉之仇。

拉罗谢勒市政厅墙上的石雕上刻的是一艘双桅杆大船。法国是第一个挑战西班牙在新世界的霸权地位的国家。当时在拉罗谢勒的港口有许多骚扰西班牙船只的海盗和冒险家。

第二次浪潮:伊丽莎白时期的海盗

虽然法国海盗仍然不停地在加勒比海地区扩张势力,但是其速度因为法国内战

这幅水彩画来自剑桥大学，图上是约翰·霍金斯的战舰。注意船上的船尾楼和船头的船楼。他在第二次袭击南美洲加勒比海岸时，使用这艘皇家舰船作为他的旗舰，但是这艘船已经服役了很长时间，雨天会漏水。当他在圣胡安港遭到伏击时不得不弃船。

而减缓。新世界又出现了另一股新生力量——英国海盗。有意思的是，16世纪前半叶，英国还是西班牙反对法国的最坚定的盟友。但是随着时间的流逝，英国和西班牙的关系越来越不好，到了16世纪50年代，两国的友好气氛已经荡然无存。西班牙的财富和军力大增，反对宗教改革，禁止美洲地区向其他国家开放市场等等都是英国和西班牙关系恶化的原因。1558年伊丽莎白一世继位，两国关系的恶化逐渐公开化。

16世纪50年代后期到60年代早期，墨西哥学会使用新的生产工艺，可以从中等纯度的矿石中提取银。再加上这一时期，人们在墨西哥发现了大量的银矿，西班牙在美洲的银矿产量颇丰。这些都使得西班牙在美洲扩大定居点和使用奴隶的数目。银矿和奴隶成为外国商人垂涎美洲的最大诱因。

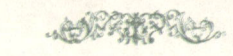

英国海盗的三巨头一直是西班牙人的眼中钉。对于西班牙的定居地以及运宝船队，他们一直是个威胁。从左到右依次是，约翰·霍金斯爵士，三次航行中挑战了西班牙在新世界贸易中的垄断地位；弗朗西斯·德雷克爵士，曾袭击西班牙的港口，环游世界，攻击卡迪斯，他是纳尔逊之前最伟大的海军英雄；托马斯·卡文迪什先生，在1586—1588年环航世界，抢夺了马尼拉帆船，上面载有价值两万二千比索的黄金。

霍金斯大发横财

　　霍金斯是英国勇于海上冒险的普利茅斯商人。他曾在伊丽莎白一世时期三次出航到西印度群岛。1562年是他的第一次航行。他的船队在几内亚稍作停留，装载货物和奴隶。然后穿越大西洋到达圣多明戈北海岸卸下货物。霍金斯是一名精明的商人，他甚至同西班牙船只做买卖。

　　第一次航行为他带来了丰厚的利润，使他顿时成为普利茅斯最富有的人。1565年3月，霍金斯驾驶女王陛下给他的船再次出海，途中贩卖奴隶大发横财。1565年9月，霍金斯返回英国时得到的金钱比第一次的还多。西班牙驻伦敦大使向女王提出抗议，但是霍金斯却向女王保证他的第三次航海旅行一定会像前两次一样，不会爆发两国间的冲突。他只想用"黑奴换取更多的金银财宝"。但是，好运不会一直光顾霍金斯。很快，他就遇到了困难。

贸易攻击

问题开始于 1568 年 6 月 4 日,当时霍金斯的表兄弗朗西斯·德雷克乘坐小艇驶向里奥阿查,要求提供饮水。然而,当地的官员米格尔·德卡斯特利亚诺斯却命令向他们开炮。双方进行了长时间的交火后,德雷克驶出敌方大炮的射程范围,对其进行海上封锁。五日后,霍金斯率领舰队主力加入战斗。战斗持续到第十天,霍金斯派遣 200 名船员登陆袭击了一支西班牙部队,并占领了里奥阿查。第十五天,霍金斯派遣一支夜行军小分队深入树林,抢夺了西班牙人埋藏的财宝还抓捕了藏匿在此的无抵抗人员。这一切宣告了所有抵抗已经结束,里奥阿查的关员被迫与之进行交易。

三周后,霍金斯带领队伍前往圣玛尔塔港口。霍金斯向岸上传达口信,第二天早上要同当地总督见面。总督为了保全脸面,在假装抵抗之后同意见面,进行贸易。英国人在港口停留了两周。

六月底,英国船队又来到了较大的喀他赫纳港口。那里的总督拒绝霍金斯进行贸易的请求。经过一番战斗后,霍金斯两手空空地离开了喀他赫纳港。然后,他继续北行

这幅图由尼古拉斯·希利亚德所绘。图中人物是坎伯兰郡伯爵乔治·克利福,是女王陛下的拥护者。他也是一位十分精于航海技术的人。他曾在与西班牙无敌舰队的决战中担任过指挥官,也曾在亚速尔群岛、加勒比海地区和巴西附近带领海盗抗击过西班牙舰队。

1568年9月23日圣胡安港的最后一幕。圣胡安港位于韦拉克鲁斯的南端,是一个避风港。霍金斯的船队在港中休整直到西班牙铁甲船的到来。9月23日,西班牙开始攻击霍金斯的船队,其中五艘被击沉或被俘虏。

穿越加勒比海。当船只绕过古巴西部岛屿时,忽然遭遇飓风。9月11日,霍金斯的船队被刮进墨西哥湾,船体损伤严重。英国船队亟需前往圣胡安港检修。于是,霍金斯带领船只蹒跚而行,前往目的地。途中还俘获了两艘前往西班牙的船只。

韦拉克鲁斯港外的惨败

大约15日黄昏时,霍金斯的船队已经可以远远地眺望到圣胡安港。守护该岛的人将其误认为是人们日夜盼望地西班牙铁甲船。第二天早上,霍金斯换上假船旗,故意让引水艇上当,并将其俘获。英国船队顺利通过海岸炮台，在港内放锚。直到此时，港上的人们才知道他们是英国船只。霍金斯派人送信说，他保证一修好船，就立即起航。

17日日出时分，海军上将弗朗西斯科·卢汉的旗舰出现在港口。他正为六艘西班牙的铁甲舰护航，随行的还有新任墨西哥总督——马丁·恩里克斯。英国船只允许西班牙船只进港，只要能够保证让霍金斯的船修理完毕，并平安地出港。西班牙舰队因为亟需补给只能答应英国船队的条件。

但是，这位新总督并没有严守承诺。西班牙军队趁夜色的掩护登上了离英国船队最近的一艘废船，对英国船只进行袭击。随后的一天，双方展开了激烈的交火。英国船只有的被毁，有的被俘获。德雷克指挥着一只小船和另一艘副指挥舰设法逃走，直奔英国方向。其余一半的船员都被西班牙俘虏，最后只有十五名船员活着回到了英国。

德雷克与"天鹅"号

霍金斯和德雷克的不幸经历使得西班牙和英国之间的关系更加紧张，两国之间的小摩擦时有发生。德雷克十分急切地要报圣胡安港的仇，终于在1570年，率领"火龙"号和"天鹅"号重新返回了西印度群岛。这次的航海经历历史上鲜有记载，但是有一点可以肯定的是，德雷克所从事的一定还是海盗的行当。

第二年，他又驾"天鹅"号到加勒比海探险。他喜欢和法国海盗一起进行掠夺。1572年夏天，德雷克怀揣女王签发的"私掠许可证"，率领霍金斯出资购置的两艘武装商船和73名水手，再次重返加勒比海。7月28日到29日，他的船只进入迪奥斯港，并在那里与匆忙组建起来的民兵展开激战。德雷克

德雷克从圣胡安港逃走，幸免遇害。这次死里逃生使得德雷克一心想找西班牙复仇。1585年，德雷克指挥一支29艘战舰的舰队从普利茅斯出发。舰队朝圣地亚哥进发，先后攻陷了圣地亚哥和另外一个港口。此雕刻刻画的就是德雷克手下在圣地亚哥战斗的情景。

Story Of Pirate
海盗的历史

这幅16世纪的彩绘图展现的是1586年1月德雷克袭击圣多明戈的情景。西班牙在1496年建立了这座城市。德雷克率领21艘舰船来到这里。德雷克乘坐的旗舰是排水量有600吨的"伊丽莎白·波拿文都拿"号。此船可以从船体的规模和桅杆上悬挂的皇家标志上辨认出。西班牙殖民地将当地船只沿海港集合起来,其中两艘被击沉以封锁港口。

在这场战斗中受伤,因为失血过多而昏厥。最终,迪奥斯港被德雷克拿下,他留下建立起一个小型基地。在1572年的一整年中,德雷克不停地骚扰西班牙在南美洲的殖民地。

伊丽莎白一世女王的海盗

1577年的航行对德雷克而言是一次惊心动魄的壮观之旅。在这次大胆环球航行中,德雷克在太平洋上俘获了满载财宝的秘鲁船只,并且一路来到异域之地。

1580年,德雷克回到英国,他为英国开辟了新的海盗航线。女王亲自询问有关这次旅行的情况。后来,女王登上了德雷克的旗舰,并授予他爵士称号。

Story Of Pirate
海盗的历史

该肖像画于1591年。五年后，德雷克卒于西印度群岛。

这幅肖像中展现出许多象征含义：桌上的地球仪代表他曾进行过环球航行；腰上的佩剑意旨他效忠于自己的祖国；他腰间佩戴的挂坠和图左上方的徽章代表他被伊丽莎白一世授予爵士称号。徽章上的格言写道："伟大之事始于一点一滴地小事儿。"

在英国与西班牙外交关系的和平时期，女王的嘉许只能增长其他冒险家不断前往西印度群岛冒险的意愿。而马德里方面则更加抵制外国势力以各种方式渗透到自己的领地。受德雷克事迹的鼓舞，越来越多的海盗开始出航。这种变化在德雷克五年后再次航行到西印度群岛时更加明显。此时的德雷克统帅的可是2300名士兵和21艘战舰，其中两艘是女王陛下资助的。

1586年1月10日上午8点，这支庞大舰队在伊斯帕尼奥拉岛补给完毕后，俘获了一艘西班牙小船。小船上的希腊舵手告诉德雷克，离圣多明戈10英里的海那河是最好的登陆地点。英国舰队晚上到达登陆地点后派遣了800名士兵上岸，由克里斯托弗·卡雷尔指挥。第二天，德雷克和卡雷尔两面夹击西班牙军队，挫败了西班牙

这幅彩绘描绘的是1586年德雷克袭击喀他赫纳的情景。德雷克的旗舰在彩绘的左下方。图中还描绘了鬣蜥（一种产于南美洲和西印度群岛的大蜥蜴）。攻陷喀他赫纳对西班牙来说是一个重创。

企图将两艘船击沉封锁港口的计划。西班牙军队大败。英国军队在圣多明戈呆了一个月，这期间，他们烧杀抢掠，向当地居民勒索赎金，总数多大25,000达克特（旧时用于某些欧洲国家的各类金币）。2月11日，德雷克满载着财宝扬长而去。

德雷克在喀他赫纳

八天后，德雷克的舰队在西班牙在加勒比海最大的城市喀他赫纳汇合。总督佩德罗·费尔南德斯·德布斯托斯早就知道英国舰队来犯，所以召集了54名骑兵，450名火绳枪手，100名投标手，20名武装好的黑奴以及400名印第安弓箭手来抗击德雷克的舰队。海港外还停着两艘刚从西班牙来的舰船。但是，有谣言说德雷克率领的英国舰队规模之大是他们所不及的。这种谣言已经严重动摇了军心。

2月19日，德雷克的舰队悄悄潜入喀他赫纳的外港，600名士兵在卡雷尔的领导下登陆。这支部队一直向北包抄。第二天上午，海上舰队和陆上士兵配合作战，很快攻陷了岸上的要塞。喀他赫纳的其他部队闻讯纷纷逃窜。21日，西班牙的抵抗部队全部停火投降。英国舰队在城里掠夺了更多的财宝——107,000达克特。直到4月底，德雷克舰队才继续取道佛罗里达和弗吉尼亚返回英国。

这次探险经历使得以前所有的探险相形见绌。从此，海盗的含义发生了偏移，逐渐朝向海军领域发展。海盗的数量也急剧增加，并且成为可以依赖的海上力量。当时，欧洲的皇家海军还只有很小的规模。在战时，政府可以征召武装私船或海盗。伊丽莎白一世的时代见证了新一代海盗的出现。在接下来的15年里，英国每年有100到200个武装私船出现，平均每年要给英国带来150，000到300，000英镑的收益。

第三次浪潮：荷兰海盗

17世纪伊丽莎白一世的战争结束时，一个新的海上力量兴起——北海的荷兰。荷兰和英国一样，曾经也和西班牙保持了良好的关系。但是因为信仰和自由问题，两国关系逐渐出现了裂痕，直到升级到为争取自由的战争。

低地国家在制造业、航海业和金融业方面十分发达，所以它与西班牙保持了广泛的商业关系，即使是在两国关系最紧张的时候。残酷而漫长的三十年战争也没有削弱过荷兰和西班牙的贸易关系。战争结束后，荷兰获得了独立。

很快，荷兰人在非洲、巴西、亚洲和加勒比海地区寻找到新的贸易伙伴。荷兰人从事起英国和法国曾经进行的贩奴和走私贸易。

海上交通顿时繁荣起来。1599年到1605年期间，不少于768艘外国舰船到过阿拉亚地区（今天的委内瑞拉北海岸）。它们往来的贸易小到食盐大到珍宝，无所不包。古巴东南海岸和伊斯帕尼奥拉岛的北岸成为各国航海家频繁出没的地方，那里的皮毛贸易十分发达。

皮特·海恩指挥的三艘荷兰舰船成功地袭击了西班牙运宝船。被掠夺的西班牙财宝用于荷兰与西班牙争夺自由的战争中。海恩在镇压了北海敦刻尔克海盗后不到一年被人杀害。

亚当·威拉尔茨所作的油画。荷兰船队正在袭击一个西班牙港口。虽然1609年双方已经宣布和平，但西班牙和联合省一直处于战争状态直到1648年和平条约的签订。西班牙与荷兰的战争是零星进行的，但是巴西和东方国家对西班牙的反抗却时有发生。画中右侧正驶来的船就是荷兰船队。

西班牙政府的措施

　　西班牙王国仍然将海上的武装私船视为海盗。他们抓到荷兰商船后，会将船长处死，所有的船员沦为奴隶。1605年8月2日，圣多明戈总督率150名士兵来到贝亚哈地区，强行命令所有岛上住民从西北海岸迁往南岸。即使本地居民提出强烈请求，但军队还是把贝亚哈以及附近地区所有的建筑都烧毁了。第二年一月份路易斯·法哈多海军上校率领的西班牙舰队来到该岛，以确保所有西班牙居民完全撤离。

　　但是西班牙政府采取的这种"焦土"政策不仅没有挫败外国商人的贸易，而且还给外国商人提供了更好的据点。1621年荷兰和西班牙的关系再次恶化，荷兰航海远征队进入加勒比海地区，开始贪婪地掠夺宝藏。

　　历史再次重演，只是这次的主人公从法国人和英国人换成了荷兰人。1628年9月，51岁的荷兰指挥官皮特·海恩向古巴北海岸进发。他所率领的远征船队有31艘舰只，679门大炮，共2300名水手和1000名士兵。这支舰队在马坦萨斯港俘获了一整支从墨西哥出发的宝藏护航队。这次，皮特的船队大发横财。回到阿姆斯特朗后，光卸这些财宝就花了5天的时间。西班牙的黄金对欧洲其他国家的诱惑比从前更让人心动。

Story Of Pirate

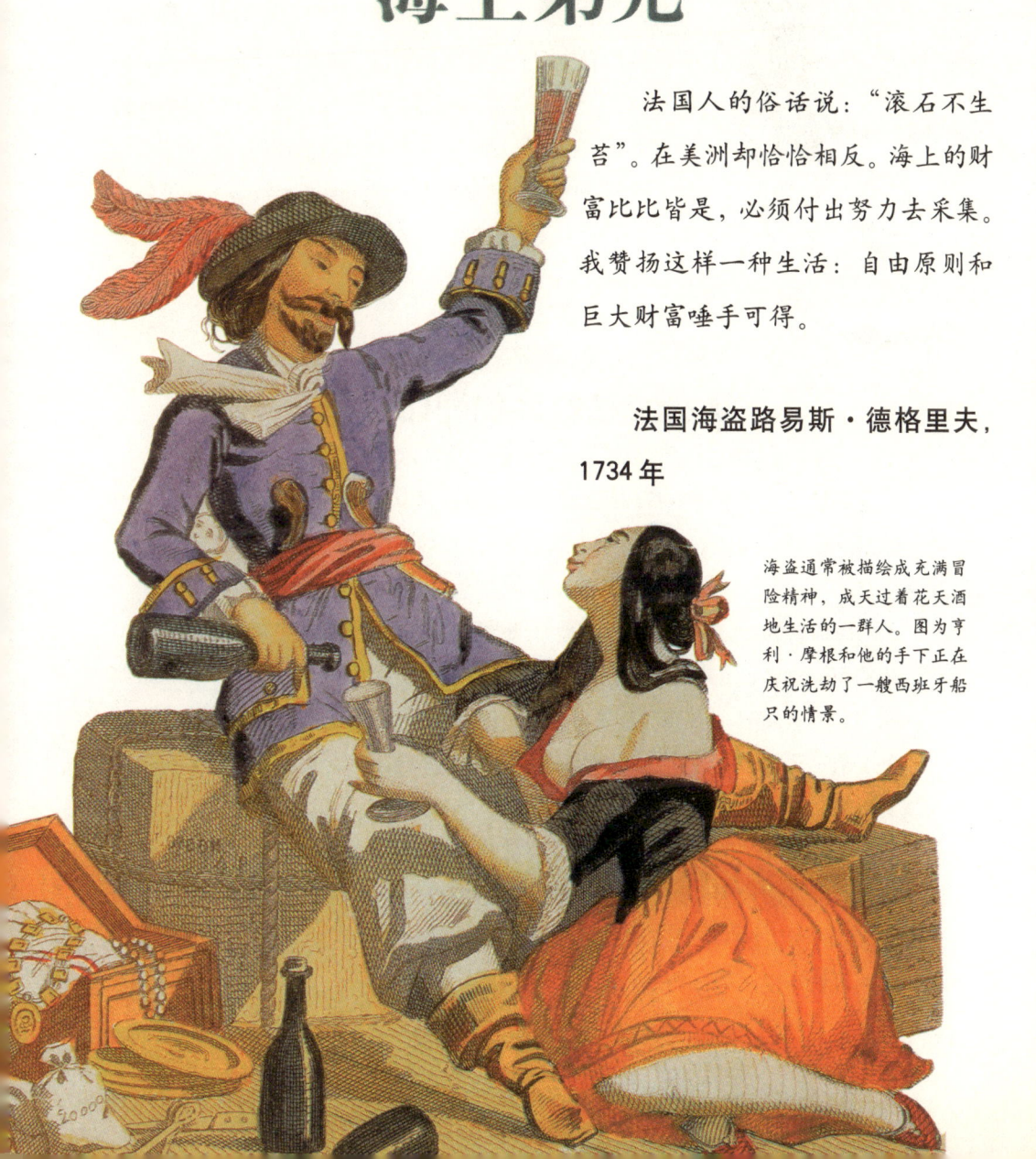

海盗的历史

第二章
海上弟兄

法国人的俗话说:"滚石不生苔"。在美洲却恰恰相反。海上的财富比比皆是,必须付出努力去采集。我赞扬这样一种生活:自由原则和巨大财富唾手可得。

法国海盗路易斯·德格里夫,1734 年

海盗通常被描绘成充满冒险精神,成天过着花天酒地生活的一群人。图为亨利·摩根和他的手下正在庆祝洗劫了一艘西班牙船只的情景。

Story Of Pirate
海盗的历史

从牙买加出土的烟斗,是众多出土文物中最特别的东西。因为怕船起火,海上是绝对不允许吸烟的,只能嚼烟草。

1494年托得悉拉斯条约的墨迹未干,海盗和武装私船就已经开始蚕食西班牙新大陆的财富。欧洲海洋国家拒绝西班牙裔教皇亚历山大只将新大陆及其财富分给西班牙和葡萄牙的决定。1522年法国海盗拦截了两艘从墨西哥驶往西班牙的船只。船上满载着科尔特斯搜刮的阿兹台克的宝藏,这些宝藏原打算献给查理一世。然而这些宝物却成了法国的囊中之物。巨大的财宝让法国宫廷极为震惊,同时也点燃了欧洲其他国家去美洲寻宝的欲望。法国国王极力鼓励法国海盗跨越大西洋寻找自己想要的一切东西。

接下来的两个半世纪里,欧洲国家出航的主要地区是西印度群岛和美洲海岸。许多歌曲和传说中都记载着广大边民和牛仔在这些地区的开拓史。

从武装私船到加勒比海盗

无论武装私船还是海盗都以满载宝藏的船只、商人和奴隶为生。因此,海上各类船只都不安全。海盗奴役、屠杀当地居民,奸淫妇女。他们所到之处民生凋敝,生灵涂炭。

虽然海盗行为十分残忍,但在其他方面做出了显著的贡献。他们的存在动摇了西班牙的殖民体系,使其他国家在西半球获得了据点。这些海盗和武装私船还激发了海军体制的大发展,成为以防御为主的小规模海军向强大海军转型的催化剂。

海盗是一群有着各种性格的人组成的团体。他们无畏,充满冒险精神,对金钱流露着贪婪,并且他们都十分憎恨西班牙人。

海盗在新大陆的争霸战中起到了至关重要的作用,他们的事迹广为流传。法国的胡格诺教徒亚历山大·奥利弗·埃斯奎默林曾有过海上生活的经历。1678年,他所著的《美洲海盗》在阿姆斯特丹发行;1684年在伦敦也出版发行。这本书成为盛极一时的畅销小说,被译为多种语言。

难得的机遇

西班牙没有能力保卫自己庞大的帝国和海外殖民地使得海盗业有很大的发展。西班牙苦于不能完全掌控美洲的宝藏，只能把有限的军队都集中在哈瓦那、喀他赫纳地区，而其他地区的居民却时常受到海盗的侵扰。这些居民只能突破重重贸易禁忌，跟其他国家作买卖。实际上，西班牙居民往往和荷兰武装私船一起抢劫从墨西哥驶出的西班牙船只。西班牙政府已经注意到殖民地居民和海盗从事的非法贸易，于是下令将一部分边远地区的居民强行迁移。

1603年的法令规定将伊斯帕尼奥拉岛西北岸的岛屿上的居民撤离。1605年奥索里奥总督带领军队强迫居民执行法令。但事与愿违，居民迁出的地方很快就成了外国入侵者的天堂。他们就是早期的海盗，传说中的"海上弟兄"。英国人和法国人并不在意这些海盗是否合法，只要他们的做法符合国家的利益就行。这些西印度群岛上的海盗将小型的海上抢劫发展成大型的陆上抢劫。他们所到之处，到处都笼罩着恐慌。

西班牙从新大陆获得的银子比黄金还多，黄金只占10%左右。大部分银子被运回西班牙，由精工巧匠制成时尚的银器，专供教堂和皇家使用。

法国的海上流浪者——加勒比海盗

加勒比海盗最初的生活十分艰辛，比野兽文明不了多少。他们在今天的海地地区风餐露宿。生活在那里的为数不多的土著人教给他们怎么在架子上烧烤食物，这些海盗因此而被称为"Boucaniers"或者"Buccaneers"。

这些海盗像野人一样生活，他们的衣服上沾满了杀戮动物时残留下的血迹，无论怎么洗澡也去不了这一身的怪味儿。他们住在用棕榈树叶子搭顶的草棚里，睡觉的地方点着烟，用来驱蚊。

他们每个人都带着一支6英尺长的明火枪，一把斧头，腰间别着一把短剑。从刚宰杀的动物身上取出的骨髓是他们最爱吃的食物。他们平时的消遣活动就是酗酒和赌博。

早期的加勒比海盗总是六到八个人一起生活。他们共同分享食物和其他东西，并且共同遵守有关协议。这些海盗中有些人处于同性恋的状态。在乌龟岛有女性成员进入加勒比海盗的生活后，同性恋海盗彼此仍然过着共同拥有一个妻子，分享所得的生活。

圣多明戈的西班牙当局对岛上日益增多的偷猎者警觉起来，于是派猎手杀尽所有的动物。但是，这样做只能让偷猎者失去赖以生存的家园。西班牙政府亲手将这些人变成海盗。从此，西班牙独揽新大陆黄金的大权被动摇。

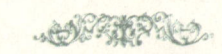

乌龟岛："海盗的发源地"

1630年，加勒比海盗在位于伊斯帕尼奥拉岛北端的乌龟岛定居。这座轮廓酷似

1500年到1730年期间海盗和武装私船在中美洲和加勒比海地区活跃的地域。这一带是海盗出没频繁的地带，他们主要袭击西班牙的运金船。然而，在狭窄的佛罗里达海峡一带还有更危险的事情等着这些船只。运金船会从哈瓦那向北航行，然后向东进入百慕大，驶向亚速尔群岛。但是因为风暴和其他原因，许多船只都在百慕大失踪。

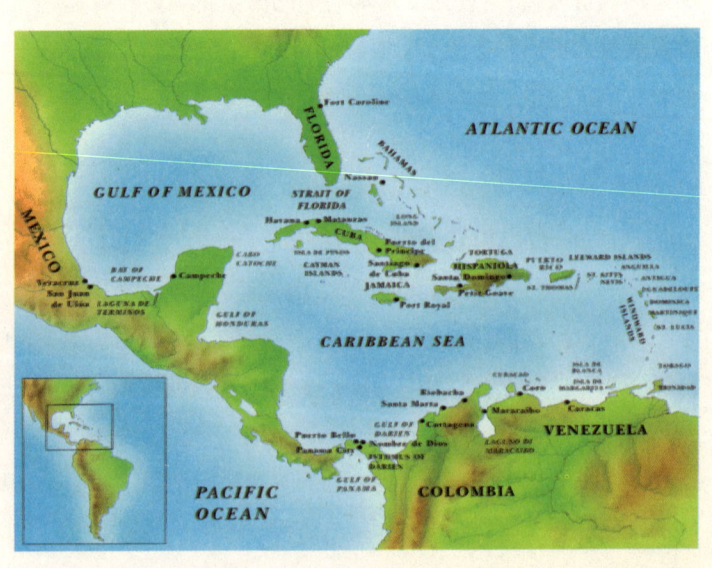

法国的加勒比海盗皮埃尔·弗朗索瓦带着他的人冲上一艘西班牙护送珍珠的船。亚历山大·埃斯奎默林在他的书中详细描写了弗朗索瓦登上委内瑞拉海岸的情景。那里盛产珍珠,每年都有船运送这些珍珠,并且有船护航。这里的每艘船上至少有几个深谙水性的黑人,可以潜到三十几英尺以下的海底捞珍珠。

乌龟的小岛拥有肥沃的土地和丰富的淡水。该岛还有优良的码头和可防御的港口。这里是理想的栖息之地,成为各种海盗、小偷的发源地。西班牙政府想尽一切办法清剿海盗的巢穴,但是这些海盗就像野草一样无法根除。

乌龟岛海盗曾经在皮埃尔·德格朗的带领下俘获了一艘西班牙运宝船。当时这些海盗暴晒在烈日下,又饥又渴。他们攻进运宝船时,船上的长官正在打牌。袭击成功后,皮埃尔带着财宝将船驶进了迪耶普港,从此不再出航。德格朗胜利的消息传到乌龟岛岛民的耳朵里,埃斯奎默林的书中写道,他们欢欣鼓舞,很想亲自实践海盗本领。

起初的海盗喜欢驾驶体积小,容易驾驶的单桅帆船。这种船可容纳50人,装有11门到14门炮。装备了桨和帆的单桅帆船还可以轻盈地在浅水中航行。加勒比海盗都是射箭好手,无比勇猛。遇到商船队时,加勒比海盗总是直接将船驶到它们中间,朝商船的舵手开火。接着,海盗就开始降帆减速,手持手枪,嘴里衔着刀,为登上商船做准备。经过一番激烈的搏斗后，海盗往往取胜。

加勒比海盗喜欢将从中美洲驶往欧洲的船只当成猎物，因为这些船上通常都有大宗的财物而只配备很少的船员。通常，海盗都在夜色掩护下，借着有利的风向袭击过往船只。

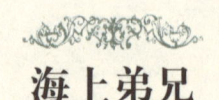

海上弟兄

大约在1640年乌龟岛上的海盗开始称自己是"海上弟兄"。任何想加入这个团体的人必须签订一份被称为"海上守则"的文书。在海盗的生活中，这个"海上守则"是至高无上的。

提及姓氏是海盗的禁忌，只有在结婚后才可以被提及。早期的加勒比海盗出航前总会选举出自己的首领，直到曼斯菲尔德和摩根出现之后。出航之前，所有人会在船上召开会议决定去哪里补给。他们会袭击西班牙人的农场，抢劫猪肉。海龟肉是海盗们最喜欢吃的肉类。如果可能的话，他们还会吃海牛，这种动物现在已经是濒临灭绝动物了。

会议还会决定他们将去哪里抢劫船只，并且提前决定分赃的原则。每个海盗都遵守这样的法则："没有'猎物'，就没有财富"。

"首先，会议会决定船长应该分得多少。然后是造船的木匠，因为他们修船，并且给船装索具。接下来还要计算给医生的酬劳。最后，会议还要决定如何补偿受伤的船员。"埃斯奎默林在他的书中都有详细地叙述。

如果按照决定分赃完毕后还有剩余，则大家

约翰上尉的《海盗史》中描写了海盗如何惩罚那些将同伴抛弃在战场上或欺骗同伴钱财的人。加勒比海盗会将这些人放逐在一个荒凉的海岸上，只给他一坛水，一支枪，少量的子弹，一瓶火药。被放逐的人要么用这些东西生存下去，要么就用它们自尽。

平分。加勒比海盗的首领一般比普通船员多得五、六倍。每人按照工作的岗位分得赃物,第一个找到宝物的人还另有奖励。海盗要发誓不在船上行窃或欺骗别的伙伴。船上不允许有锁和钥匙。如果发现有偷窃同伴东西的行为就要被割掉耳朵和鼻子。如果再犯,就要被放逐到荒凉的海滩上,只给他留一罐水,一把步枪和子弹。

埃尔·波图格斯

从巴塞洛缪·埃尔·波图格斯带领30名水手和4门大炮俘获载有70名船员和20门大炮的大型西班牙舰船到从海盗摇身变成副总督的亨利·摩根,加勒比海盗充满智慧,拥有惊人的勇气和对黄金无止境的贪婪。

埃尔·波图格斯的聪明才智救了他自己。他截获了西班牙商船后不久就被三艘经过的大型帆船截获。埃尔·波图格斯被押到坎佩切湾的一艘船上,成为一名囚犯。

像大多数海盗一样,埃尔·波图格斯也不会游泳。在他行刑的前一天,埃尔·波图格斯将守卫捅死,跳下水用两个陶制的葡萄酒坛子当漂浮工具游上岸边。他钻进灌木中,步行140英里到达戈尔夫特里斯特海角,那里有海盗船将他送到海盗的天堂——罗耶港。

让西班牙殖民地居民闻风丧胆的让·戴维·诺

乌龟岛上最臭名昭著的海盗要数让·戴维·诺了。他出身于下层士兵阶层,被送到西印度群岛后逃到伊斯帕尼奥拉岛,最终加入"海上兄弟"。

让·戴维·诺极其残酷,喜欢折磨那些不愿回

让·戴维·诺的肖像,他的残忍是家喻户晓的。但是作为一名海盗他获得了极大的成功。他所袭击的西班牙殖民地的数目可与亨利·摩根相比。

领导权是海盗发生争斗的主要原因。虽然首领会在出海前选出，但这并不能平息竞选人心中的不满。而且海盗之间也会因各种各样的原因产生争执。于是，海盗们就订立了一个规矩——两个人可以打斗，谁先让对方流血谁就先胜。油画"哪一个应该是船长？"是霍华德·派尔德作品。

答他问题的犯人。有时他会将犯人切成碎尸，有时会用火柴一点一点地烧犯人。一次，有一名犯人拒绝回答让·戴维·诺提出的问题，他就用刀将犯人开膛，取出仍在跳动的心脏恐吓另一名犯人。

让·戴维·诺厌倦了在海上袭击商船的生活后，又把眼光转向西班牙殖民地的城镇。在米歇尔·勒巴斯克的帮助下，让·戴维·诺组织了一支700人的舰队。在去马拉开波湾的路上，海盗舰队劫持了一艘西班牙船只，上面装满了值钱的财宝。海盗们花了两个星期的时间洗劫马拉开波，他们还一遍又一遍地折磨犯人，掘地三尺地抢掠财宝。之后，他们又前往富有的直布罗陀城，守卫该城的500名西班牙士兵战败后，人们就很快投降了。海盗在那里呆了足足一个月，日复一日地饮酒狂欢和搜刮珍宝。海盗们对他们得到的战利品仍然不知足，于是又返回马拉开波进一步进行勒索。三天后，才心满意足地起航。

让·戴维·诺的大胆无畏以及他所掠夺的大量财物使许多人都愿意投靠他，而全然不在乎让·戴维的变态行为。让·戴维·诺可以轻易地组建起一支"军队"攻打尼加拉瓜海岸附近的西班牙村落。让·戴维·诺本人最终也没有得到好的下场，印第安人抓住他后，将他切成碎尸烧掉。烧完的骨灰被人们撒到风中，以示让·戴维·诺再也不会出现。

遭受重创的西班牙

加勒比海盗不仅仅满足于袭击西班牙的船只，因为他们完全受利益的驱使而不是爱国主义者。海盗对欧洲的和平条约置之不理，任意妄为。加勒比海盗甚至还对荷兰的商船和定居点进行袭击，后来还亲自促成了荷兰西印度公司的衰败。有意思的是，1628年皮特·海恩率领31艘荷兰西印度公司的舰船俘获了一整支驶往西班牙的舰队时——这是所有海盗的梦想，西印度公司还因此而繁荣。

俘获一整支西班牙船队是史无前例的事情。荷兰西印度公司因此得到了无数珍宝中的50%作为回报，并继续资助海盗的远征。西班牙的经济严重地依赖海外殖民地的财富，因此这种劫持事件对西班牙已经十分脆弱的经济是致命打击。越来越多

单桅帆船，1700 — 1730

　　虽然许多有名的海盗都喜欢使用三桅杆的帆船，但在18世纪早期的加勒比海上大多数海盗使用的是单桅帆船。这种船的中部只有一根桅杆，桅杆上分为主帆和两个前帆。一般有35到65英尺长，甲板上可以放置6到12门大炮。大型单桅帆船上一般可以容纳150人。

　　这种单桅帆船一般在百慕大和牙买加建造，以其快速而闻名，深受海盗的喜爱。除了速度快之外，这种船还可以在浅水海域中航行，而军舰则不行。

1	主帆	2	船尾的船舱
3	船长的舱室	4	通往船长舱室的窗口
5	驾驶舵柄	6	天窗和下甲板的通风口
7	储藏的或抢来的大炮	8	水泵
9	四联发的大炮	10	延长主帆的桅杆
11	储藏室	12	水桶
13	主窗口	14	枪眼
15	起锚的绞盘	16	锚

的外国船只航行于加勒比海,这里已经成为国际公海。

1629年西班牙已经进入最低谷。自从实行护航制度后,第一次没有运宝船出航。西班牙王室对该地区不断增加的海盗数目产生警觉。来自法国、英国、丹麦和荷兰的海盗涌向西印度群岛,他们还不断吸引更多的移民来岛上发展种植业。

加勒比海盗的来源

西班牙虽然十分富有,但已经显得力不从心。她根本无力将殖民地里的欧洲人或契约工赶出种植园。那里还生活着欧洲国家的重刑犯和妓女。英国的内战以克伦威尔的胜利而告终后,西印度群岛又成为英国政治犯和异教徒移民的地方,其中主要是爱尔兰人和苏格兰人。到中世纪时,英国的殖民者在人口最密集的地方建立了圣基茨和巴尔巴多两个殖民地。

殖民地的契约工人大多是被绑架的儿童和青年。1640年一年就有200名法国青年被绑架到巴尔巴多,通常卖身契至少签5年。契约工人的生活十分困苦,他们在卖身期间通常会被再次买卖,比黑奴的命运还要悲惨。

即使一个工人能够赎身,他也会发现自己很难找到工作。因为从中世纪开始,黑奴已经逐渐取代了契约工和自由白人工人,成为主要的劳动力。种植烟草的小农场主也会被大农场主挤垮。

1629年一艘从西班牙驶出的运宝船接到指示将英国殖民地圣基茨和尼维斯岛上的非法移民赶走。海军上校法布里克·德托莱多轻而易举地将尼维斯岛拿下。岛上的契约工人,大多数是天主教徒,拒绝和他们的种

一名海盗藏在灌木丛中伏击敌人,他随身带着老式的大口径短枪和一把斧头。老式的大口径短枪或短火枪会发射出许多小铅球儿,大约从17世纪开始使用。但是加勒比海盗最喜欢用步枪,因为它的射程远而精确。海盗们以使用步枪技艺精湛而闻名。

霍华德·派尔的油画。这是派尔出版的小说《宝城的命运》中的系列插图之一。图中是海盗正在攻击一艘大型帆船的情景。1905年,该小说发表在《哈珀月刊杂志》上。

植园主并肩作战。一个商店老板约翰·希尔顿说："我们的仆人原来都是叛徒。他们纷纷逃跑，游上敌人的船，告诉他们我们躲在哪里和补给存放的地方。"

圣基茨定居点也投降了。大多数住在这里的法国人都逃跑了，而英国人则被抓走成为囚犯。虽然德托莱多对待这些英国人很人性化，但他们的家园都被毁掉了。他把大多数英国人遣送回国，其他少部分被押到西班牙当人质。以前的农场主回到定居点，看到被毁的种植园十分绝望。于是这些人跑到乌龟岛，干起了海盗的行当。

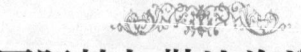

国际性加勒比海盗组织

"海上弟兄"组成了一个海上联合王国，这里有英国人、爱尔兰人、法国人、荷兰人、佛兰德人以及少数其他国籍的人。他们在海上横行霸道。被劫船上身强力壮的海员可以选择签约成为海盗，否则的话就沦为不能分享赃物的劳工。普通的乘客可以支付赎金获得自由；而老弱病残者就会遭到杀戮。逃跑的奴隶、契约工人和少部分当地土著人也都加入到海盗的行列中。

有些乌龟岛的海盗出身上层社会。最著名的当属舍瓦利耶·德格拉蒙。他参加了法国皇家海军来到西印度群岛，他单独指挥一艘武装私船，俘获了一艘荷兰商船和上面所有财产。然而，他却任意挥霍，花得一个子儿都不剩。

回不了法国的德格拉蒙干脆加入了"海上弟兄"。1683年，德格拉蒙加入了一个多国海盗远征队。和他同行的还有一名英国舰长，五名荷兰舰长，其中有劳伦斯·德格拉夫和瓦奥尔恩。

德格拉夫进行过许多次远征，是法国对路易斯安那提出领土要求的先驱。他曾是西班牙海军的军械管理员，一步一步地成为现在的船长。他被海盗俘房后成为他们的一员，后来成为令西班牙人闻风丧胆的海盗。

这七位船长相约在尤卡坦半岛碰面会合。到达后他们得知有两艘从加拉加斯驶来的船即将进港。于是他们埋伏好等待船的到来，将其洗劫一空。

瓦奥尔恩的两艘船被用来运送所有海盗上岸，所以他索要30%的分成。劳伦斯·德格拉夫和瓦奥尔恩因为分赃不均大打出手。瓦奥尔恩手腕被擦伤，看起来似乎并不

船只正从牙买加的罗耶港驶出。17世纪70年到80年代是罗耶港的鼎盛时期，是西印度群岛最繁荣、最忙碌的商港。1692年该岛遭受毁灭性大地震，死亡人数高达两千多人，许多城镇陷入大海。

严重。但两个星期后伤口溃烂，瓦奥尔恩死于坏疽病。

韦拉克鲁斯的总督因为纵容海盗的行为而被斩首。此时，法王已经下令不允许法国的岛上发生海盗事件，颁布命令镇压加勒比海盗。

罗耶港：加勒比海盗繁荣之城

中世纪时，英国从西班牙人手中夺得了牙买加，罗耶港成为加勒比海盗的主要基地。本来克伦威尔的远征军队想占领伊斯帕尼奥拉岛，这次战争完全是海盗式的。英国在两国谈判同盟问题时，突然发兵。但他既低估了西班牙军队又高估了自己的实力。占领伊斯帕尼奥拉岛的战争失败了。对于远征军队而言，回到英国而不带任何战利品是不可想象的,于是他们又将目光转向牙买加。

被法王赶出乌龟岛的英国海盗认为罗耶港是理想的基地,是"整个西班牙属西印度群岛的大本营"。早期的总督十分欢迎荷兰、葡萄牙、法国的海盗,只要他们能够抗击西班牙人的侵扰,总督就随意给海盗颁发证书。由于海盗抢来的财宝数不胜数,1662年他们在该岛开设了铸币工厂。

罗耶港地处加勒比海航线的中心地带,可以同时容纳500艘船躲避恶劣天气,这里着实成为海盗的天堂。整个城市中都充斥着海盗和他们掳获的赃物。城中的小酒馆、妓院如雨后春笋一般比比皆是。

海盗经常对周边地区进行掠夺。英国军队占领牙买加之后的6年时间里,罗耶港的海盗共袭击过18个城市、4座城镇、几十个小的定居点;其中有些地方被掠夺过多次。就连内陆的城市也没能幸免。

克里斯托弗·闵格斯是第一位将大宗抢劫的财物运回罗耶岛的海盗。他和他的下属来到加勒比海南部,袭击了许多定居点。他们抢劫了22箱皇室珠宝,大量的银币。英国当局发现闵格斯不但瞒报了许多珍宝,而且还袭击了六艘荷兰船只,于是将他送回英国。但是,闵格斯很快又回到罗耶岛,从事起了老本行,就像许多其他的海盗一样。

1692年,罗耶岛遭受了大地震和海啸的袭击。人们认为这是上帝在惩罚"新世界的罪恶之地"。海盗的全盛时期宣告结束。

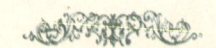

罗切·布拉希利亚诺

荷兰最残暴的海盗罗切·布拉希利亚诺的肖像。他本是尼德兰人,后来到荷兰在巴西的殖民地。后又来到英国人的牙买加殖民地,和摩根一起袭击了巴拿马等城市。他还是喜欢将自己夺得的宝藏埋藏起来的为数不多的海盗之一。

罗耶港的海盗包罗万象,有的是愤世嫉俗的反社会分子,有的则是像亨利·摩根一样的卓越领导者。其中有一位住在巴西的荷兰人,他有健硕的胸肌,性情残忍。人家叫他罗切·布拉希利亚诺。他

19世纪的作品"撤离的海盗"展现了一伙海盗袭击了一个海边村庄之后的撤退情景。因为西班牙船只增加了海上护航,海盗不容易得手,于是他们开始进行陆上抢劫。17世纪中的几年时间里,罗耶港的海盗就洗劫了五十多个这样的村落。

曾喝醉酒跑到大街上,将他看到的每一个人暴打一顿;也曾将一个不肯告诉他信息的西班牙人活活烤死。

布拉希利亚诺从小酒馆招募了一群海盗,在袭击一艘墨西哥商船时初战告捷。得胜归来后,海盗们就过起花天酒地的日子,直到花完最后一分钱。和其他海盗不同的是,布拉希利亚诺喜欢把自己的宝藏藏起来。当他不幸落入西班牙人的手中时,他被严刑逼供。最后他被迫招供宝藏藏在古巴附近的伊斯拉德皮诺。西班牙士兵在那里找到了10万枚金币。

亨利·摩根爵士

亨利·摩根是所有海盗中最残忍、最聪明的人。他是威尔士人,几乎没有人知道他童年的经历。他起初或许是作为契约工人的身份来到加勒比海的。摩根以其作战策略、远征的范围和无数次的胜利而闻名于世。1668年。他亲自率领700名士兵,乘坐十几艘船侵扰了古巴附近海岸,夺得了价值连城的宝物。

同年的晚些时候,摩根带领海盗攻陷了西印度群岛第三大城市贝略港。该城固若金汤,很难攻下。摩根让460名士兵在海岸北部100英里的地方登陆,然后又转

Story Of Pirate
海盗的历史

霍华德·派尔创作的肖像画《亨利·摩根》。在画中，摩根正在质问镇子的居民被藏匿的财宝的下落。最终海盗们攫取了大批的财富。摩根率领少数部队伏击了前来救援的西班牙军队。他率领军队埋伏在一个隘口，受到阻击的西班牙军队落荒而逃。

乘轻舟，在拂晓前悄悄接近贝略港。摩根的手下抓住一个哨兵，让他捎信给抵抗者，要么投降要么受死。但西班牙人拒绝投降，双方展开激战。摩根把所有西班牙士兵锁进一所房子里，将他们统统烧死。第二道防线也被轻而易举地拿下。他们在攻打第三道防线时，遇到了困难。最后一道防线由总督亲自督战，并组织了一支敢死队。摩根被迫退军。

双方鏖战一直从早上进行到下午，仍不见分晓。摩根想到一个卑鄙的主意。他命令手下做好城梯，并将所有能抓到的牧师、修士、修女都抓来。摩根想利用西班牙人对上帝的虔诚攻城。他让"上帝的仆人们"拿着城梯登上城墙。但总督仍然坚守自己的职责，命令手下守城。即使这样，最终摩根还是攻下城墙。

一旦城墙被攻陷,摩根和其他海盗开始大开杀戒,恣意妄为。海盗到处寻找宝物,各类商品都被有秩序地堆放在仓库门口。满载着各种赃物和300名奴隶的海盗船受到了罗耶港海盗的热烈欢迎。海盗们为这次胜利大肆欢庆了一个月。

1671年,亨利·摩根站在暴风雨中的巴拿马城,这里是"全世界金银最多的地方"。摩根是一个残忍无情的海盗,他曾带领1400名手下穿过巴拿马地峡。这幅插图收录在约翰逊船长的书中。

攻占巴拿马

在第二年的第二次远征中,尽管起航并不顺利,他们还是截获了大量战利品。1669年1月,在英法两国海盗聚集的海地岛南岸的母牛岛海域,摩根在旗舰牛津号上举办了一次疯狂的起航聚会。一名喝醉的枪手射击时产生的火星点燃了火药桶,牛津号被烧毁,350人被烧死。附近海面被鲜血染红,其它船上的海盗划着小船哄抢值钱的东西,甚至连死人手指上的金戒指也不放过。

摩根此时已经是声名显赫。1670年底,他组织了一支船队向巴拿马进发。被誉为"西印度群岛地区的藏宝库"的巴拿马，此时正面临着一场洗劫。

摩根先是夺取圣洛伦佐港口，将船队停泊在港口。他建造了36艘独木舟，载着精选的1400名海盗向沙尔格雷河上游进发。他们没有携带任何给养，准备沿途购买。经过七天的航行，海盗们饥肠辘辘。他们开始徒步穿越丛林。尽管面临着饥饿、疾病以及伏兵的侵扰，他们继续进发。

一周后，海盗来到巴拿马城。令他们失望的是，此时大批财宝正被运出港口。海盗们在城外安营扎寨，进行休整。

当他们准备攻城时，大规模西班牙军队出现在城外的平原上。尽管敌人人数占优，摩根还是率领部队发起进攻，并且冲破敌人重重包围，将西班牙军队打得丢盔弃甲。

为了避免巴拿马落入海盗手中，西班牙人烧毁了城市。居民们纷纷逃跑，在零星的抵抗下，海盗们很轻易进入城市。

1699年，摩根在甲板上看着西班牙帆船在委内瑞拉湾被烧毁。这次成功的突围增加了他的声望。

摩根的战利品

海盗们在这片废墟上驻守了一个月，并派出海盗寻找西班牙人。海盗们为了获得财宝的下落折磨被抓到的西班牙人。具有讽刺意味的是，海盗们竟然没有发现最值钱的财宝。一位修道士把黄金神龛外面涂上了石灰。

尽管没有期望的多，海盗们还是截获了大批财宝。为了运输这些财宝，竟然动用了上百头驴。在远征期间，海盗内部不时有摩擦发生。摩擦主要集中在法国天

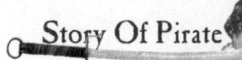

Story Of Pirate
海盗的历史

霍华德·派尔创作的插图《洗劫巴拿马》。大量的财富躲过了德雷克的洗劫。在图中，海盗离开时将城市夷为平地。摩根带领海盗侵占城镇后，烧杀劫掠，重复着以前的暴行。他们进行了一场大屠杀，把整个城市夷为平地，大部分居民失去家园。

主教徒和英国新教徒之间。摩根还挫败过一起分裂事变。

兵变是在海盗们分配财宝时发生的。反叛者不满摩根私吞大量战利品，而自己分得很少分额。摩根不理睬船员的抱怨，开船离开了海盗船队。剩下的海盗们缺衣少粮，很快就各奔东西。

脱离官方

整个牙买加庆祝摩根返航。罗耶港举行了盛大的庆祝，殖民地委员会向摩根表示感谢。但是消息传到查理二世那里，他却很不高兴，因为英国和西班牙处于和平状态。西班牙国王威胁，如果这伙海盗不被绳之以法，他将向英国宣战。查理二世为了维持和平，命令将摩根和莫迪福德总督押送回英国本土关押。

莫迪福德直到英西关系缓和后才被释放。但是摩根却受到公众拥戴，并被授予爵士爵位。查理二世采取以毒攻毒的方法将摩根派往牙买加担任海事法庭法官，审判海盗。摩根表面上拥护打击海盗的政策，但实际上却继续做着海盗的勾当，私下为海盗招收船员，执行法国海地岛总督的秘密任务并获取分成。查理二世对此非常愤怒。

不同的时间，不同的习惯

自1674年起，摩根副总督同生性苛刻的沃恩总督不断发生冲突。沃恩屡次将摩

Story Of Pirate
海盗的历史

根送上法庭，但是摩根的个人声望使自己免受惩罚。经历了这些事情之后，这位老海盗的忠心受到伤害，更多沉迷于酒馆。沃恩终于成功地将他免职。

曾经利用过海盗的政府发现很难控制这伙强盗胡作非为。他们对政府也不是忠心耿耿，更不在乎国家商业利益的重要性。

法国的海盗宣布1688年法西签订的《艾克斯拉夏佩勒条约》不适用于他们。牙买加的几个总督在利益驱动下允许非法海盗活动，另外一些地区腐败的总督们也毫不犹豫地允许海盗活动。

到十七世纪末，几个海上国家拥有了领土权，不再依靠海盗反抗列强的攻击。海盗的基地被关闭，这些无法无天的强盗被遣散到世界各地。

彼得·莱利为克里斯托弗·闵格斯创作的油画。这幅画像创作于第二次英荷战争时期，这次战争以英国的胜利而告终，然而，闵格斯的声名大噪源于从西印度群岛西班牙人定居点抢劫了价值不菲的战利品。

在1697年《里斯维克和约》签订之前,欧洲的列强之间不断地转换着联盟关系,这样也导致了各个联盟相互之间的混战。西班牙在中南美洲的殖民地受到欧洲主要海上强国的攻击。在这幅画中,一支荷兰和法国的舰队正在攻击西班牙的一个港口。

17世纪70年代到80年代,加勒比海盗沦落为海上草寇。大批牙买加人加入海盗行列,牙买加的居民所剩无几。在这期间,很多港口受到加勒比海盗的攻击。镇压加勒比海盗的任务并不轻松:政府实行了一项将海盗"刀剑变为犁头"的计划。根据这项计划政府将对海盗大赦,并且每人会得到35英亩土地。但是这项计划并没有吸引加勒比海盗回到田园生活。

有的顽固不化的加勒比海盗无视法国当局的存在,占据了海地岛的一个小岛,有的海盗则在巴哈马找到避难所。还有一些加入了西印度群岛和南美殖民地的海盗团伙,一些更加胆大的海盗在英法势力无法顾及的美洲太平洋海岸活动。

海盗们在海上肆虐横行，德雷克船长和卡文迪什的故事激励着他们继续海上冒险。

摩根：结局

1688年，当时还是罗耶港一名年轻医生的汉斯·斯隆恰好有机会为亨利·摩根检查身体。摩根已经沦落为一个醉鬼，丝毫看不出曾经当海盗头子时的身影。医生给他开了一些利尿的药方，但是摩根更相信一名黑人巫师的治疗。这名巫师给摩根灌肠，并给他全身敷上粘土，这更加重了他的咳嗽。不久之后，摩根去世，尸体被埋在罗耶港教堂的墓地中。1692年的一场海啸将这个大海盗的尸骨以及这个为他带来声望的港口淹没。

Story Of Pirate
海盗的历史

第三章
加勒比海盗的远征

12月6日上午,我们在克利马火山附近发现一艘马尼拉船只,很快我们就追上了她。因为我们装备齐全,在他们没有清理好甲板准备开炮时,就朝他们开了好几炮。

1704年威廉姆·芬内尔

Story Of Pirate
海盗的历史

17世纪有一些小规模的航海船队在加勒比海上寻找掠夺对象。他们的主要目标是西班牙运宝船和从东方穿越太平洋的马尼拉船只,以及从新大陆返回西班牙的船只。另外一些在中南美洲附近航行的定居点的或港口的船只也容易遭到袭击。这些航海船队有的是欧洲国家批准的武装私船,有的则根本没有政府的批准证书。他们大多来自英国、法国、荷兰以及其他的欧洲海洋国家。埃斯奎默林在他的书中也把这些人称为加勒比海盗,他本人也跟随过这群人,并且记载了有关历史。

这些海盗中有些人接受过教育,他们在航海过程中记航海日志。这些日记在英国和欧洲大陆十分盛行。日记不仅仅记载了海战和风暴,还详细记载了新大陆的面貌以及在上面居住的人民。这些海盗中有一位名叫巴塞罗缪·夏普的船长。他环行南美洲的经历被巴兹尔·林格罗塞记载,1684年埃斯奎默林在其《美洲海盗》一书中也有述。

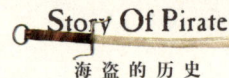

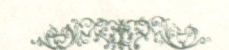

一名水手在1588年使用的星盘,这种仪器在16世纪和17世纪被广泛使用。通过测量北极星或太阳的高度可以计算出纬度的仪器。对于几代海员而言,指南针和这种星盘是他们使用最多的航海工具。

丹皮尔:环球航海家

丹皮尔是17世纪最伟大的航海家。他曾三次环球航行,参加过无数次海盗掠夺,曾带领海军进行过对南部海域的远征探险。他曾在远征过程中放逐了一名苏格兰水手亚历山大·塞尔扣克,这成为丹尼尔·笛福的小说《罗宾逊·克鲁索》的创作灵感。丹皮尔对气象、水文和海洋动植物都颇有研究,还专门为此出版了许多书籍。

太克斯之战爆发于1673年8月11日。当时丹皮尔正服役于英国皇家海军，并亲眼目睹了战争的进程。当时英国和荷兰为了争夺远洋运输航线而成为竞争对手。两个国家的海上力量势均力敌，1652年到1670年爆发了三次英荷战争。英国皇家海军因善用人才，从僵局中脱颖而出，并于1780年的英荷战争中彻底击败荷兰。

曾与丹皮尔一同航行过的人说"他是一个很自负的人，从不肯听从他人的意见"。另外一些跟随他的人对丹皮尔的满嘴脏话，战争中缺乏领导能力和酷爱酗酒颇有意见。

尽管如此，丹皮尔却是一名出色的探险家，有天赋的航海家；而且还是一名卓越的观察家和评论家，他对自己的所见所闻都有独到的见解。1697年丹皮尔出版了自己的第一本书《新环球旅行记》。两年后，又出版了《旅行与描绘》，里面分为三个篇章。第三本书名叫《新荷兰旅行记》，记述了去澳大利亚的一次倒霉的航行经历。丹皮尔航行过三大洋、四个大陆，因此，其书中介绍了大量翔实可靠的异域的植物、动物。

海盗进行的远征航行曾到过中美洲、南美洲、太平洋和印度洋。他们在航行中作的记录、写的随笔等文字材料都有助于我们今天对当时世界的了解。海盗并不是第一批到过新大陆的人，但以他们那些简陋的装备和补给能够取得这样的成就实属不易。

威廉·丹皮尔出生于英格兰西部萨默塞特，祖辈世代都是农民。他在1651年9月5日受洗礼，幼时在当地接受了良好教育。18岁时初次乘坐商船出航到纽芬兰。商船返航时，他上了另一条来自印度的船只，此后一年都在远东地区航行。一年后，他从爪哇返回英国。此时，英荷战争爆发，丹皮尔决定参加皇家海军，在爱德华·斯普拉格爵士的旗舰上服役。在经历了两场战争后，因生病而转到医疗船上。1673年，丹皮尔亲眼目睹了英荷战争中的最大战役——太克斯之战。

康培杰的洋苏木砍伐者

因病退役的丹皮尔重新回到萨默塞特他哥哥那里。不久他的邻居赫利尔上校邀请丹皮尔去牙买加帮助他经营自己的甘蔗种植园。丹皮尔出发来到西印度群岛，在那里打理种植园有几个月的时间。但是他认为自己不适合干这一行，于是就只身航行到中美洲。在康培杰湾，他遇到了一伙砍伐洋苏木的人。

这些砍伐者大多都是海员和海盗，只要机会允许，他们就会加入海盗洗劫附近村落。洋苏木是一种生长在湿地或河边的树木，从树上提取的红色染料在欧洲很值钱。伐木者要将树砍下，削成圆木后，堆放到容易上船的地方。这些伐木者每天的工作环境十分恶劣，成天双脚蹚在水中，忍受着各种虫子的侵扰。赶上雨季，他们生活和工作的地方就会被水淹没。

1676年，康培杰湾受到飓风袭击。飓风将伐木工人的独木舟和生活的小窝棚都吹跑了，整个地区狂风大雨下个不停。飓风所到之处，树木都被连根拔起，甩到很远的地方。丹皮尔和他的同伴找不到容身之地，不得不当起海盗。他们一连几个月都在塔巴斯哥河域上下进行抢劫活动。

1678年8月，丹皮尔回到英国。在他进行下一次航行前，丹皮尔娶了朱迪丝，公爵夫人伊萨贝拉的女仆。

丹皮尔成为加勒比海盗

1679年，28岁的丹皮尔乘船来到牙买加，从此当上了海盗。他从不称自己和他的同伴是海盗，而是称作武装私船船员。但实际上，他所在的船时常掠夺海上和陆上财物。

丹皮尔在牙买加西海岸加入了一伙海盗，首领是约翰·考克森船长、理查德·索金

1702年，托马斯·莫里为威廉·丹皮尔所画的肖像。几年前，丹皮尔的大作《新环球旅行记》成为畅销小说。他的作品中描绘了他航行所经过的西印度群岛以及太平洋岛屿上的"土地、河流、港口、植被、动物和居民。"

Story Of Pirate
海盗的历史

斯船长和巴塞洛缪·夏普船长。1679年12月海盗船起航前往中美洲的西班牙殖民地。他们洗劫了贝略港后来到巴拿马。在那里又乘坐当地印第安人送给他们的小船继续向南行驶。1680年10月到11月期间，他们又进行了多次袭击。

不久之后，丹皮尔来到巴兹尔·林格罗斯和夏普船长手下，并航行到智利一带进行补给和维修。在那里船上发生了一次兵变，船员重新选举沃特林当船长。

在新船长的领导下，船又驶回大陆。1681年1月，海盗发起了一次极不明智的攻城行动。此次战争中，沃特林船长被杀死，夏普又夺回船长的职位。许多船员对夏普的领导方式表示不满，提出要投票决定此事。结果，大多数船员仍然赞成夏普当船长，只有大约五十人不赞成。其中包括约翰·库克（后来远征合恩岛），船医莱昂内尔·韦弗以及丹皮尔。他们离开了这只船，历经23天回到巴拿马。

到达海岸后，丹皮尔和同伴加入了一支法国海盗船队，船长是特里斯蒂安。与这支法国船队一起航行了几个月后，他们又转到另一艘由赖特船长率领的英国船上。这样的海上劫持生活过了大概一年左右，丹皮尔和他的二十几个同伴分到赃物后，来到弗吉尼亚逍遥快活了一年。

1683年，约翰·库克宣称自己正计划进

1837年出版的《海盗之书》上的插图。图上描述了威廉·李维斯船长向"恶魔"献上一缕头发，祈祷能够在几内亚湾里追上一艘船。此时船上的主帆已经被炮打坏，不能使用了。这种"迷信"的方法在海上并不少见。丹皮尔曾和同伴一起爬上桅杆，将自己的衣服张开充当主帆，终于使船重新迎风航行。

行一次环绕南美洲到太平洋的航行。丹皮尔和莱昂内尔·韦弗愿意加盟。他们借着大西洋的季风驶过非洲的佛德角，来到美洲海岸后就遭遇了丹皮尔平生未见的飓风。船上的帆都被刮没了，丹皮尔和另一名有经验的水手设法爬上桅杆，将自己的衣服展开充当主帆，让船头转向。终于使大家脱险。

"快乐的单身汉"号

海盗们终于挺过了飓风，顺利航行到塞拉利昂河口。他们在那里俘获了一艘荷兰船，上面有36门炮。他们将这只船占为己有，命名为"快乐的单身汉"号，驾驶它越过大西洋，朝合恩岛航行。他们经过福克兰群岛，平安渡过合恩岛，向北来到胡安·费尔南德斯岛。然后继续向北2800英里到达加拉帕哥斯群岛。

他们在加拉帕哥斯群岛期间，约翰·库克得了重病，几周后去世。海盗为他举行了海葬后，爱德华·戴维斯成为新任船长。戴维斯带领大家继续北行到达南美洲海岸，并于其他海盗会合。他们在海上只能劫持到小型船只，船上的财物也不多。比起德雷克和摩根，他们的运气实在差了点。

1685年，戴维斯船长加入一批加勒比海盗的船队，决定对一支从利马驶来的西班牙船队下手。但是，西班牙方面拥有六艘战舰，许多大炮和至少3000名船员。

而海盗这边只有960人，分乘在大概十艘小船上。其中只有两艘船装备有大炮。5月28日，海盗对西班牙船队发起了进攻，两方相差悬殊，而且仅有的两艘有大炮的船直到晚上也没有正式参战。西班牙船队利用夜色掩护，出其不意地开到海盗船的背后。海盗船只得逃窜，两手空空。

丹皮尔的首次环球航行

丹皮尔得知斯旺船长正打算进行一次东方之旅后，就离开戴维斯船长来到斯旺的船上——"西格尼特"号。该船有船员100名，大炮12门。1686年3月31日，

埃斯奎默林的书中写道，丹皮尔和其他海盗在厄瓜多尔的瓜亚基尔湾过着只有酒精和女人的糜烂生活。瓜亚基尔是西班牙人在16世纪30年代建立的城市，经常受到海盗的侵扰。

他们从墨西哥西海岸起航，还有一艘装有50人的小型三桅帆船同行。船队乘着快风一直向西航行。

按照英国的航海图，从南美洲海岸到关岛应该有1900里格（大约6000英里）。海盗们估计他们应该经过了关岛，但却没有看见任何陆地。于是，船员们开始窃窃私语，有所企图。后来才得知，他们打算等食物耗尽后，就把斯旺船长吃掉。幸好，离食物吃完还有三天，船员们发现了关岛。他们抛锚上岸，此时他们已经航行了7323英里，在海上呆了52天。

从关岛他们又继续航行到棉兰老岛。斯旺船长沉迷于那里的快乐生活，不愿远行。六个月后，船员决定将斯旺一个人留下，继续前进。船员们选出新的船长，来到南中国海域，经过湄公河，穿行于今天的印度尼西亚群岛，继续南行直到1688年的1月4日。那天，他们看到了澳大利亚（当时叫作新荷兰），并在一个海湾抛锚。于是，丹皮尔和他的同伴成为第一个踏上澳大利亚的英国人。他向欧洲人详细地介绍了当地的风土人情。

丹皮尔和同伴在一起又呆了几个月。当船队航行到孟加拉湾东南部的尼科巴群岛时,他决定离开船队。和他一起离开还有两名英国人和四名马来船员。他们向岛民要了一艘船,历经千难万险后加入了一只商船队。丹皮尔在东印度群岛和印度海岸附近游荡了两年。

1691年1月,丹皮尔上了一艘英国船只,于1691年9月16日回到祖国。此时,他已经40岁,离开祖国长达十二年半。

新航行

丹皮尔在航行中妥善保存了自己的日记。他将自己的作品放在一段竹筒里,两端用蜡封上。他回国后的第五年,从他自己的日记中整理出来的《新环球旅行记》终于发表。他的著作出版后不久,就受到海军部的邀请,进行一次南部海域的航行。1699年1月14日,他再次启程,这次是"罗巴克"号的船长。这艘船装备有12门大炮和50名船员,所携带的补给足够一年航行之用。除了丹皮尔根据此行出版的书十分畅销之外,整个航行是彻底的失败。他们经过坦纳利佛和好望角到达澳大利亚。在鲨鱼湾附近海域进行了五个星期的探测,结果没有发现新的岛屿和大陆。在返回的路上,船在阿森松(南大西洋岛屿)附近发生

根据丹皮尔的日记,斯旺船长穿越太平洋后,来到菲律宾群岛上过起了舒服日子。他在棉兰老岛上享受起了美酒佳人。这也是大多数海盗的梦想。弗兰克·斯库诺弗根据想象创作了这幅壁画。

雕版画中的领航员正在工作。这些人使用的仪器和工具有地球仪、领航手册、航海图、星盘、直角器、指南针等等。在古代，没有精确的地图，只能用这种航海图指引航向。这些懂得使用工具和会制图的人是船员中薪金最高的人。

漏水现象，船体下沉达70英尺。丹皮尔和船员们坐着木筏，被一艘海军军舰救起，才得以回到英国。

虽然丹皮尔受到军事法庭的审判，但其名誉丝毫未受到损害。几个月后，他又受到伦敦和布里斯托尔商船主的邀请，负责他们武装私船的航行。丹皮尔担任"圣乔治"号的船长，爱尔兰也有一艘船同行，船长是查尔斯·皮克林。1703年5月，他们从爱尔兰出发，前往南美洲抢掠西班牙船只。

此次的航行就像"罗巴克"号一样是一场灾难。丹皮尔不停地和船员发生争执。在佛得角时，他将一名中尉赶下船；到达巴西时，又有九人被赶上岸。不久之后，皮克林船长去世，托马斯·斯特拉德林接任。此人比丹皮尔还不适合当船长。他们错失了所有良机，所有他们看见的船都成功地逃出他们的包围。在与一艘法国船只遭遇时，丹皮尔的9名船员被杀。丹皮尔率船来到胡安·费尔南德斯岛时，有42名船员开了小差。在船长的劝说下，除了亚历山大·塞尔扣克外，其他人又重新回到船上。

船长和船员的不合越来越严重，到达巴拿马湾后，两条船分道扬镳。斯特拉德林的船向北航行，船在一个荒岛上失事。斯特拉德林被西班牙人抓住，关在利马的

Story Of Pirate
海盗的历史

地牢里长达五年。丹皮尔则在巴拿马湾附近航行，只能俘获一些小船。他的优柔寡断使得袭击一艘马尼拉的大型帆船最终以失败而告终。船员们本以为能发大财，却事与愿违。许多人在船进入下一个港口后离开了丹皮尔指挥的船。丹皮尔在厄瓜多尔一带当了一阵子海盗后发现"圣乔治"号已经腐烂不堪，只得弃船。他和剩下的船员乘坐一只西班牙小船向西航行，穿越大西洋。1707年末，终于回到英国，完成了他的第二次环球航行。那些赞助此次航行的商人亏了大本，准备将丹皮尔告上法庭。

伍兹·罗杰斯：诚实的武装私船者

幸运的是，丹皮尔作为远征者的经历和对异域的学识远远超过他的缺点——缺乏领导才能。不久，他又参加了一次环球航行。不过这次，他担当领航员的职责。布里斯托尔的财阀赞助了这次航行，而且此次航行是合法的。财阀赞助并装备了两艘船——排水量320吨的"公爵"号和260吨的"公爵夫人"号。他们招募了330名船员，任命伍兹·罗杰斯为此次远征的首领。罗杰斯虽然只有29岁，但他是一个意志坚定并且有经验的年轻人。

1708年8月2日，远征队从布里斯托尔起航。两艘船经过爱尔兰的科克港后，向加那利群岛驶去。在那里，他们得到了第一件战利品——一艘西班牙

这是一个工具收纳盒，里面放着圆规、量角器、直线笔以及其他领航员使用的工具。

Story Of Pirate
海盗的历史

1709年4月伍兹·罗杰斯船长和他的船员们在瓜亚基尔向西班牙女士询问宝藏的下落。罗杰斯的环航是海盗远征史上一次成功的航行。他们获得了市值80万英镑的战利品。二十多年之后，罗杰斯当上了拿骚的总督。此画为贺加斯所作。

商船。11月19日，他们穿越大西洋，来到巴西。来年的1月中旬，他们绕过了合恩岛，两周后船队看到了智利西海岸的胡安·费尔南德斯岛。1709年2月2日，船队驶进港湾，并派出一支小艇上岸侦查船队在夜间看见岸上的火光是怎么回事儿。小艇回来时带来了一个野人模样的人，身上穿着羊皮。原来此人就是亚历山大·塞尔扣克——当时被遗弃在岛上的苏格兰人。是他点的火吸引了船队的注意力。他独自一人在岛上生活了4年零4个月。罗杰斯回忆说，"当时他连自己的语言都差点儿忘了"。

丹皮尔确认此人就是亚历山大·塞尔扣克，是当时船上最好的海员。在丹皮尔的推荐下，罗杰斯任命塞尔扣克为"公爵"号上的大副。船队在胡安·费尔南德斯岛上逗留了两个周后继续向北航行。在秘鲁附近他们俘获了一只小船，决定留作己用，起名"开端"号。

Story Of Pirate
海盗的历史

一艘在爪哇的万丹附近停泊的船。该图由爱德华·巴洛所绘，收录于他的著作《海上生活随记：1659年—1703年》。这本书记载了作者航行过程中的船只、海岸的景象和异国事物。

4月15日，他们在利马袭击了一艘西班牙船，起初遭到对方的负隅抵抗，但最终罗杰斯率领的船队将对方缴获。此后，他们又成功地洗劫了瓜亚基尔城。之后，船队就驶进太平洋。当到达加拉帕哥斯群岛时，船上将近一半船员开始发烧。罗杰斯决定回到南美洲大陆，将病号送上岸治病。

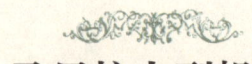

马尼拉大型帆船

船队在那里呆了两个月，直到生病的船员复原。然后，他们补给好船只继续向西航行。几周下来，他们并没遇见一艘西班牙船只。正当要放弃时，一艘西班牙船出现在关岛附近。"公爵"号和"公爵夫人"号向这艘船发起了猛烈进攻，西班牙船予以回击。但因为其射速明显慢于英国舰船，最终不得不投降。英国方面唯一受伤的是罗杰斯船长，虽然身负重伤，但他仍然坚持指挥作战。

被俘的西班牙船有400吨的吨位，船上有20门炮和193名船员。英舰将它拖进加利福尼亚港内。英国人从西班牙船员口中得知这艘船从马尼拉驶出，和它同行的还有一艘更大的帆船，但它们失去了联系。罗杰斯决定找到这艘船，抢劫更多的宝藏。

几天后，他们与该船遭遇，船长是一位马尼拉的海军上校。这艘船上有40门大炮和450名船员，其中还有些曾经当过海盗。双方激战达七个小时，罗杰斯的船被击中。"公爵夫人"号死伤20人，而"公爵"号有11人受伤，其中包括罗杰斯船长。英国船队被迫放弃战斗，让马尼拉船离开。

1月10日，英国船队满载着财宝穿越太平洋。他们花了两个月的时间才穿过关岛，然后从巴达维亚一直驶向好望角。1710年12月28日，到达好望角后，对他们的船只进行整修和补给。为了保护他们所劫的财宝，罗杰斯船长决定推迟起航直到可以得到荷兰军舰和商船的护航。1711年4月6日，英国船队方才启程。7月23日，船队到达荷兰。1711年12月14日，回到英国。

这次航行带回来的财宝市值80万英镑。此次也是丹皮尔的最后一次航行。他分得1500英镑，相当于今天的10万英镑。丹皮尔在科尔曼大街买了一栋房子，三年

PORTO RICO

17世纪的波多黎各与牙买加和伊斯帕尼奥拉岛一样，都是海盗经常"光顾"的地方。画中是1671年停泊在圣胡安港内的船只。在16世纪时，这里是法国海盗最好的目的地；而到了18世纪则成为西班牙海盗最喜欢去的地方。

后，去世，终年63岁。

林格罗斯："精确而又新奇的随笔"

除了埃斯奎默林早期的《海盗史》之外，唯一能与丹皮尔作品媲美的海盗文学当属巴兹尔·林格罗斯了。林格罗斯是巴塞洛缪·夏普船长手下的船员，曾在南美洲海岸进行过抢劫。这次航行之所以如此有名，是因为这只船上好几位船员都出版了自己的作品。林格罗斯的记述是最翔实最广泛的。

林格罗斯出生于伦敦,1653年1月28日接受洗礼。他精通法语和拉丁语,航行过程中又学会西班牙语,成为海盗的翻译。他的作品中没有提及自己幼年和早期的生活,也没有提及是如何来到中美洲当起海盗的。林格罗斯似乎很受同伴的喜爱和尊敬。

1693年3月,林格罗斯开始写日记,讲述了海盗在贝略港会合的过程。海盗攻陷贝略港后又决定攻打圣玛丽亚城,那里储存着大量黄金。他们留下一部分海员保护自己的船,其余的人在金银岛附近登陆,并向内陆挺进。荷枪实弹的327名海盗被分成七组。他们跋山涉水行进了10天,期间有大约50名当地印第安人陆续加入他们的队伍。

1680年4月15日,海盗来到圣玛丽亚城中。但让他们大失所望的是,除了建在一个河岸上的要塞之外,圣玛利亚城只有一些破破烂烂的小窝棚。城里的人听说海盗要来劫城,早就逃窜了,城里只留了200人。海盗以很小的伤亡攻下了全城。然而,他们发现来晚了一步。这里储存的黄金每年向西班牙运送两次,三天前才刚往巴拿马运去一批150公斤的黄金。

巴拿马之战

因为在圣玛丽亚城没有得到海盗想要的黄金,他们决定向巴拿马进发。海盗分乘35只独木船顺流而下,

威廉·哈克所绘的版本,图中是萨尔瓦多海岸上潘尼卡峡谷中的种植园。1681年,林格罗斯曾在那里亲手画了一张地图。

1680年4月23日拂晓时分,他们已经能够看到巴拿马城了。此时西班牙人的军舰正等着他们,而且以为可以通过以逸待劳,轻易将海盗打败。西班牙军队有228人,都是经验丰富的海员和一流的士兵;而海盗只有68人,整夜不停地划船,现在十分疲钝。但是,这一仗海盗们打得十分出色,他们在这种压倒性的优势面前完全无畏,海盗船上的射手也百发百中。

当西班牙舰队发起突袭时,海盗利用独木船的灵活性,迅速驶离西班牙船队大炮的射程范围。然后,海盗开始逐个儿地对付它们。海盗的作战策略就是朝舵手和在甲板上的水手射击,打坏挂帆的支柱,然后再爬到对方的船上去。就这样双方进行了几个小时的拼杀,海盗占领了两艘船,第三艘仓皇而逃。战争结束后,海盗们将注意力转向停泊在港里的其他船只上。有一艘400吨的商船载满了葡萄酒、蔗糖和兽皮。海盗将其缴获作为自己的旗舰,命名为"三圣"号。许多停泊在巴拿马附近的商船和小型船只也都被洗劫一空。10天后,海盗启程前往巴拿马的附近岛屿。

夏普船长接管船长一职

1680年5月,海盗离开巴拿马湾继续寻找其他财宝。5月22日,索金斯船长在指挥进攻墨西哥小城普埃布拉时被杀害。夏普接任船长一职,并召集大家开会。会上他告诉大家,他想穿越麦哲伦海峡做一次环南美洲的航行。同时他还保证,愿意跟他的人都会得到1000英镑的奖赏。结果有63名水手决定离开,他们乘船去了圣米格尔。原本300人的队伍现在只剩下146人。这些人在哥干纳得到补充给养后,继

量角器被用来通过测量正午太阳的高度,量出海上的纬度。

Story Of Pirate
海盗的历史

续向南经过圣弗兰西斯科角，向阿里卡前进。

1680年的圣诞节那天，海盗到达胡安·费尔南德兹岛。就在这里，约翰·沃特林代替夏普成为船长，他是一位有着丰富航海经验的武装私船者。沃特林带领大家回到南美大陆，并决定要攻占阿里卡，因为此地是西班牙政府从各地汇总银币的集散地。但是，海盗在这场战争中惨败，船长沃特林战死。夏普重新当上船长，他组织大家进行了有序的撤退。4月17日，海盗船上又发生兵变，水手要求更换船长。丹皮尔和另外50名船员离开夏普和林格罗斯，重新回到加勒比海。

此时，夏普船长只剩下65名船员。他们在尼克亚湾里整修好船只，继续向北航行。这次他们的好运来了。7月8日，夏普带领的海盗俘获了"圣佩德罗"号巨型商船，它所载的货物几乎要把自己压沉。三周后，他们又看到另一艘西班牙商船。海盗费了一番周折才将其缴获，夺得无数价值不菲的宝藏。

这是1761年由本杰明·科尔制作的八分仪。1731年约翰·哈德利发明了该仪器。18世纪后半期，八分仪又被六分仪所代替，成为标准的航海仪器。

环绕合恩角

海盗所截获的商船上最值钱的东西不是那些宝藏，而是一卷海图。这卷海图不仅详细记录了从阿卡普尔科到合恩角的所有港口、锚地、河流、港湾；而且还记录了进入这些港口的航道。据夏普和林格罗斯所述，海盗登船之后，西班牙人正准备将这卷海图扔到海里以防落在他们手中。海盗们洗劫完整船之后，将船的主帆砍掉，只留下前帆任其随波逐流。

8月底时，海盗决定返回英国。他们借着东南季风，向麦哲伦海峡进发。但是他们没能找到进入太平洋的海峡入口，船一直向南航行。到11月份时，他们看到了冰山和鲸鱼群。因此，他们竟然成为第一批绕行合恩角的英国人。当船向东北方向航行时，天气才开始逐渐变暖。圣诞节那天，海盗们航行到里约热内卢市后，终于可以沐浴在温暖的阳光下。

运气好坏参半

到1682年1月末，海盗们看到许多海鸟，于是知道自己已经接近陆地。1月28日，海盗来到巴巴波斯岛，看到港口里有许多船只。但是海盗船不敢进港，他们害怕被官员逮捕。1月30日，他们来到安提瓜岛后，派出一艘独木船上岛询问是否可以进港，岛上的总督科德林顿上校表示不同意。二月份，海盗只好分乘两艘船向英国航行。3月26日，林格罗斯和其他三十人乘坐"里斯本商人"号在英国的达特茅斯港口登陆。

西班牙驻伦敦大使唐佩德罗·龙基略得知海盗船回到伦敦后，坚持要求以海盗罪和谋杀罪将他们关进监狱。5月18日，海军部签署逮捕夏普、迪克和斯科特的命令，并将三人关进英国监狱。然而，夏普从西班牙人手上缴获的海图却引起了查理二世的注意。很显然，国王的态度影响了这三人的判决，他们被无罪释放。

海盗、监狱和贫穷

这卷海图被伦敦制图家威廉·哈克翻译成英语，并将原稿复制数册。夏普亲自献给国王一册海图，并存放在皇家图书馆中。夏普也因此摇身一变，从海盗成为受

Story Of Pirate
海盗的历史

伊斯帕尼奥拉岛的地图。在该岛定居的猎人成为早期的海盗。被西班牙人从他们赖以生存的土地上赶走后,许多猎人不得不当起海盗,居住在乌龟岛上专门袭击西班牙船只。另外一些则移居到伊斯帕尼奥拉岛海岸的其他地方。

朝廷重用的人。

　　但不知为什么夏普没有接到皇家海军的任命,而独自去了加勒比海。内维斯和百慕大的总督雇佣夏普打击海盗的行动。但是,夏普很快就重操旧业当起了海盗。1686年夏普被起诉在牙买加和康培杰从事海盗活动,但最后因证据不足而获得释放。有关夏普最后的消息来自于维京岛的

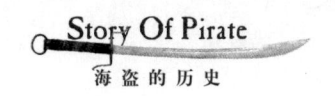

荷兰总督。他曾在1699年告知海军上校本博，夏普被关在维京岛的监狱里，当时夏普51岁。

巴兹尔·林格罗斯在英国呆了不到一年半又开始了下一次航行。1683年10月他登上斯旺船长的"西格尼特"号前往南海。斯旺开始只想做合法的贸易，可是无功而返。一年之后，斯旺加入一群法国和英国海盗，转而做起袭击西班牙定居点的行当。在其中一次袭劫事件中，林格罗斯不幸身亡。

当时，斯旺在墨西哥湾附近抛锚上岸，洗劫了一个小城。当海盗们忙着搜集宝物时，才得知西班牙人已经在几英里外集结了将近一千人的武装力量。于是，斯旺命令他的一班人马先将宝藏送回船上，其余的人则留下继续搜集财宝。

当先前派回去的海盗消失在路尽头时，传来了一阵枪声。斯旺立即召集起剩下的海盗沿路查看。他们发现五十多名海盗横尸路边，面目全非。原来西班牙人事先埋伏在路边，对他们进行伏击。林格罗斯的尸体也在其中，终年只有三十二、三岁。

韦弗和海盗传奇

埃斯奎默林、丹皮尔、伍兹·罗杰斯和林格罗斯对海盗的生活和航行旅程都有详细的叙述。海盗医生莱昂内尔·韦弗则对中美洲的动植物和当地印第安人都有翔实的记录。韦弗在穿越巴拿马海峡时腿部受到重伤，于是只能与印第安人生活了四个月，直到身体复原。期间，他学会了印第安语，学习他们的风俗习惯。后来，韦弗详细地记录了印第安人的风土人情。

莱昂内尔·韦弗出生于苏格兰。1677年，他首次作为一名医生的助手出海到达东印度群岛的爪哇。第二次则航行到牙买加，在那里的罗耶港遇见了埃德蒙·库克船长后便加入他的船队。库克的船队航行到中美洲与其他海盗船汇合。1683-1684年，韦弗在"快乐的单身汉"号上当医生。1684年10月，"快乐的单身汉"号与斯旺船长的"西格尼特"号汇合后，韦弗在太平洋上又航行了两个春秋。后来"快乐的单身汉"号的船长换成埃德蒙·戴维斯。

1688年6月，戴维斯船长、韦弗和一名叫约翰·欣森特的船员到达弗吉尼亚时，因为海盗罪入狱。1689年才获得释放。他们之前在海上抢劫西班牙船只所获得的财宝不计其数,而韦弗带着自己应得的一份回到英国。此后,韦弗在伦敦终其一生。1699年韦弗将其航行经历整理出版。1705年,韦弗卒于伦敦。

卓越的功绩

17世纪的海盗很少对自己的祖国表示忠心,他们任意选择攻击的对象,完全不在乎他们的国籍。许多海盗一生远征过大半个世界。巴塞洛缪·罗伯茨曾从加勒比海北部航行到纽芬兰,两次穿越大西洋对非洲西海岸进行抢劫。埃德华·洛从西印度群岛到亚述尔群岛,又来到罗得岛。托马斯·图和埃德华·英格兰则取道马达加

威廉·哈克所绘海图的精致封皮。这位伦敦制图家受命将夏普船长从西班牙船上截获下来的海图原稿复制数份。

斯加和毛里求斯,从纽约、波士顿航行到印度。但是,所有这些海盗都没有留下个人的航海记录或航海日记,如今的人们只能根据当时海员的描述、殖民地总督的报告等文件加以研究和考证。

17世纪70年代到80年代的夏普、林格罗斯、考克斯、丹皮尔以及其他海盗的航海史则有详细的记录。如果认为是这些英国海盗开创了美洲的航道,并绘制了太平洋的海图的话,那么就大错特错了。因为早在这些海盗之前,西班牙人已经绘出了南美洲绝大多数港口、锚地和航道。夏普收缴了这份海图并带回英国,由哈克复制。丹皮尔虽然是探险澳大利亚西北岸的第一位英国人,但是这应归功于荷兰人绘制了澳大利亚的地理轮廓图。而麦哲伦、德雷克、卡文迪什以及荷兰人奥利维尔·范·诺尔特和阿贝尔·塔斯曼穿越太平洋的时间也比斯旺和罗杰斯船长早。詹姆士·库克船长的大发现超越了以前太平洋上的其他航行功绩。他在1768年至1780年之间的三次远航是有计划的航行,完全不同于海盗的盲目行为。

但是海盗对航海远征史也作出了一定贡献。海盗的航海技艺是令人敬佩的。他们的航海设备和仪器都十分简陋,几乎没有海图作参照,即使有也不精准。大部分海盗船体积都不大,一般不超过300吨。而船上的补给也大多来自他们所掠获的海上物资。海员不得不忍受海上的狂风巨浪,在严酷的环境下谋生存。

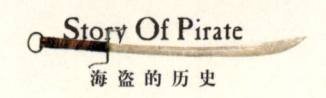

Story Of Pirate
海盗的历史

第四章
地中海海盗

"有时帆船上的奴隶要一口气划十个、十二个甚至二十个小时。如果有一个奴隶累倒了（这是时有发生的事情），就会遭到鞭打直至死亡，然后被无情地扔进大海。"

让·马尔泰雷勒·德贝热拉克

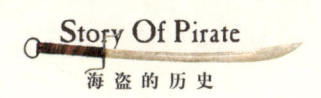

Story Of Pirate
海盗的历史

这种令人毛骨悚然的场景听起来像是古代希腊对待奴隶的方式。其实不然,这是近代地中海海盗史中常见的,却又容易被人遗忘的一幕。

早在16世纪早期,非洲北海岸的穆斯林封地上就已经开始建造帆船,袭击地中海上的船只。北非伊斯兰海盗逼迫被抓的基督徒为他们划船,这种状况一直延续了几个世纪。

其实,天主教国家也同样鼓励海盗行为,他们的基地在马耳他。而且,直到今天,当时天主教国家的海盗团体仍然存在,只是到今天其性质完全不同而已。耶路撒冷圣若翰医院军事修会就是一例,现在它却成为一个闻名的慈善机构。

14世纪的缩影图上画着骑士登船准备进行十字军东征。在十字军东征期间,十字军医院军事修会得以建立。后来,他们在马耳他建立基地,在那里通过资助海盗袭击穆斯林的商船,继续他们的"圣战"。

Story Of Pirate
海盗的历史

海盗与教皇

早期在地中海航行的船只一般都沿着海岸线航行，确保船只可以时刻看到陆地。他们这样做是因为他们没有指南针和海图。而海盗唯一要做的就是藏在海岬中，等待商船上钩。

随着地中海贸易的逐渐扩大，海盗也逐渐发展壮大起来。公元前7世纪，腓尼基人的商船就经常受到海盗袭击。古

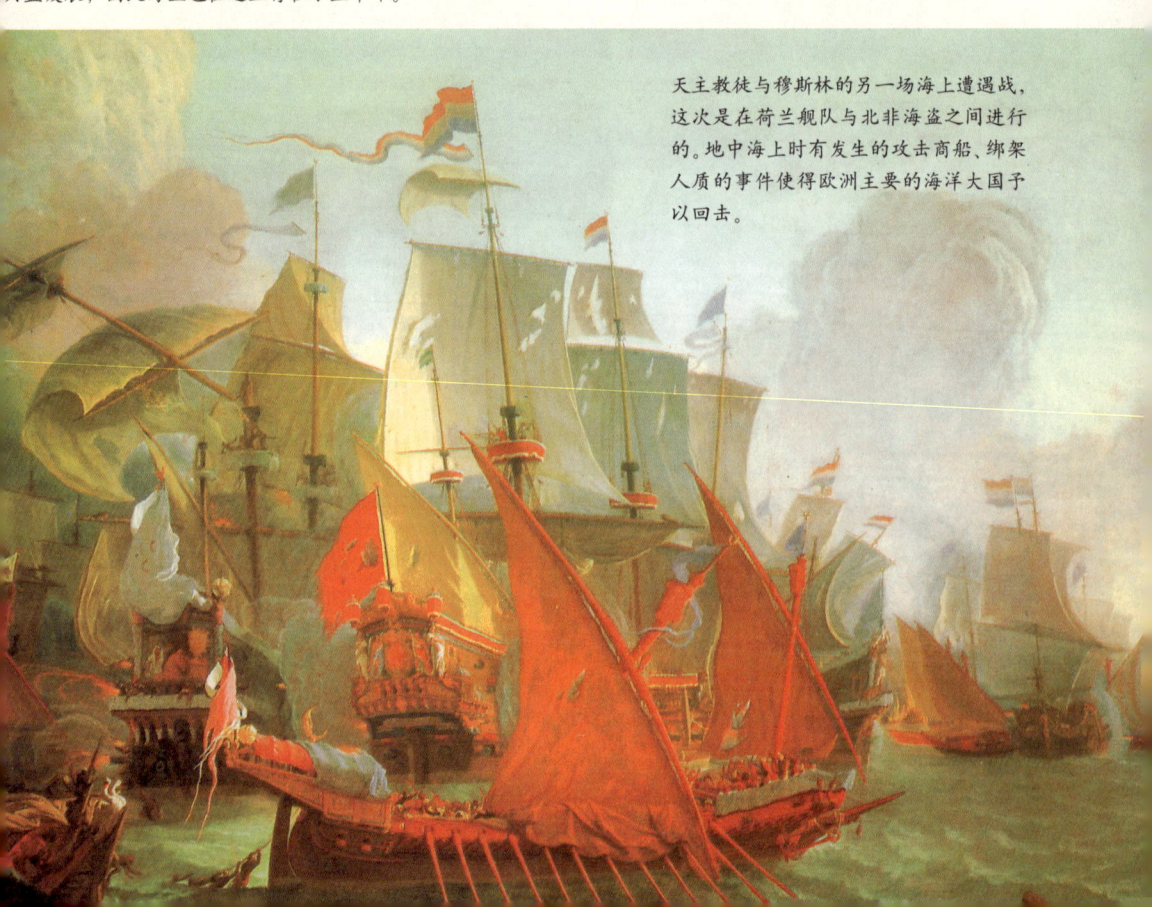

地中海地区的地图：图中是欧洲、北非和累范特地区。海盗在英国诸岛和波罗的海诸国附近活动。地中海是海盗最主要的活动地区。这里是古代世界的中心，海上贸易一直兴盛发展，因此海盗也在这里存在了上千年。

天主教徒与穆斯林的另一场海上遭遇战，这次是在荷兰舰队与北非海盗之间进行的。地中海上时有发生的攻击商船、绑架人质的事件使得欧洲主要的海洋大国予以回击。

希腊和罗马也不例外。

　　从十字军东征开始，这一带才开始出现近代意义上的海盗。1096年教皇发起了十字军东征，表面上是要夺回自从7世纪就被"异教徒"占领的"圣地"。第一次十字军东征十分成功，天主教徒在"圣地"建立了十字军王国。此后又经历了长达两个世纪之久的血腥战争，但后来的几次东征"成就"就微不足道了。

　　十字军通过几次东征获得了地中海，可以方便欧洲的商船贸易。从后来的地中海海盗的角度而言，东征最重要的影响就是建立了军队－宗教制度。十字军中的贵族成员旨在为生病的或需要帮助的朝圣者提供照顾，并且保卫通往"圣地"的道路。教皇于1113年批准在耶路撒冷成立耶路撒冷圣若翰医院军事修会。十字军医院军事修会的财富和影响从此迅速增长，他们很快就在欧洲和十字军王国拥有大量财产。这些十字军医院军事修会成员都是忠诚的东征战士，直到东征结束后，他们仍在继续"圣战"。

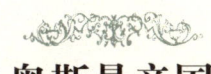

奥斯曼帝国

　　1270年最后一次十字军东征时，奥斯曼帝国还只是西北地区的一个微不足道的小军阀政权。后来才开始迅速发展起来。到1453年，奥斯曼帝国攻陷君士坦丁堡，随后是波斯、叙利亚和埃及。最终在塞利姆一世的统治时期，整个伊斯兰世界都被归入到奥斯曼帝国的统治之下。

　　十字军和十字军医院军事修会开始衰落。1291年，艾可城——十字军在圣地的最后一个据点——被穆斯林军队攻占。十字军医院军事修会只能撤退到塞浦路斯，后来迁到罗德岛，他们在那里生活了两百多年。1522年，奥斯曼帝国的扩张使得十字军医院军事修会再次迁徙。最后，西班牙国王以及神圣罗马帝国的国王将马耳他授予十字军医院军事修会，作为他们的基地。十字军医院军事修会在马耳他定居，发展成为"马耳他骑士团"。

　　这一段动荡不安的历史证明，宗教的狂热导致了天主教国家对北非伊斯兰海盗的早期战争。

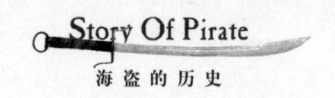

北非伊斯兰海盗

很早以来,天主教国家就将地中海南岸,从埃及到大西洋的直布罗陀地区叫做"巴巴里"(Barbary),即北非伊斯兰教地区。这个词现在成为"野蛮,未开化的人"(Barbarian)一词的词根。

腓尼基人和希腊人在巴巴里建立了殖民地,后由罗马人征服此地。拜占庭帝国在6世纪控制了这个海岸;但到711年,大多数北非海岸线都在阿拉伯人的掌握之中。此后不久,穆斯林世界又控制了伊比利亚半岛。直到6世纪早期,穆斯林对北非的绝对统治遭到了来自天主教国家的挑战。以西班牙为首的天主教力量逐渐壮大并威胁到奥斯曼帝国的统治。到1248年,只有西班牙最南端的格拉纳达(位于安达卢西亚自治区的东部)仍然在穆斯林人的手中。1492年,斐迪南五世将格拉纳达的摩尔人统治者驱逐出去,这标志着天主教与伊斯兰教之间激烈的宗教冲突从此蔓延到了海上。

16世纪早期,西班牙和葡萄牙海盗在北非海岸的袭击,使西班牙人在那里获得了据点。其中重要的据点有阿尔及尔、突尼斯和的黎波里。

西班牙军队在1510年首先占领了佩尼翁岛,他们在那里设防固守。6年后的一场反抗战争使得西班牙人最终在1529年被驱逐出去。1535年,西班牙人又占领了突尼斯,并统治了三十几年。的黎波里从12世纪到1510年都是诺曼人的领地,1510年,西班牙人占领该城。1551年奥斯曼帝国攻陷的黎波里后,巴巴里海岸上大部分海港尽在伊斯兰人之手。这些港口被西班牙人占领前,都被用来为海盗提供补给和充当避风港。当回到伊斯兰人的统治后,海盗的行为更加猖獗,而且更趋向制度化。

伟大的海盗领袖,巴伯路斯

海上冒险家阿鲁吉和海尔·丁是希腊人,他们后来皈依伊斯兰教。这两兄弟为罗伯特·诺顿在1620年绘的阿尔及尔平面图。在巴伯路斯兄弟的时代，阿尔及尔成为海盗的基地。

海盗德拉古特正准备登船。他是巴伯路斯的副官，曾是天主教国家船上的奴隶。1560年，德拉古特在杰尔巴岛附近大败西班牙舰队。1565年在马耳他包围战中战死。

地中海海盗建立了大本营。哥哥阿鲁吉原是土耳其军队的士兵，后来成为海盗船的指挥官。1504年，他开始环绕巴巴里航行。阿鲁吉来到突尼斯并与国王签订了一项协议。即，用海盗所得的五分之一换取他们在港内使用设施的权利。这项协议签订之后，阿鲁吉就缴获了教皇的两艘巨型帆船。这一行为让阿鲁吉声名鹊起。人们根据阿鲁吉长有红胡子这一特征，给他起绰号为"巴伯路斯"。巴伯路斯的一生并非一帆风顺。他在1514年进攻布日伊时，失去了一条胳膊。在他养伤期间，由他弟弟海尔·丁指挥。后来，两兄弟接受了从西班牙手中夺取阿尔及尔的任务。他们很快攻下阿尔及尔，平定反抗活动。在1517年，除了佩尼翁和几个零星的西班牙要塞外，两兄弟已经控制了阿尔及尔的绝大部分地区。

巴伯路斯在与西班牙的一场陆战中牺牲，从此，巴伯路斯对阿尔及尔的统治也

北非海盗船，1770年

　　以划桨为动力的海盗船是一种令人生畏的作战舰船，它是由地中海古希腊和罗马的船只发展而来的。划桨的是80到90个奴隶，桨可以为船只提供动力，不管是有风的时候，还是风平浪静的时候。划桨的奴隶坐在木制的坐板上，通常4到6人划一支桨，这些奴隶都被脚镣锁起来。虽然一次航行的时间较短，但划桨的奴隶必须能一口气工作很长时间。不幸被海盗抓住的俘虏就要忍受这样的生活。

　　在有风的时候，船上可以展开一到三面帆，这足以让船乘风破浪。重型大炮通常被安置在船首，船上全副武装的斗士以严格的纪律和惊人的勇气而闻名。北非海盗的袭击策略是，先与目标船平行航行，然后设法登船。全副武装的战士们带着枪、弯刀等武器会将对手制服。

1	青铜撞角
2	提锚滑车
3	回旋枪
4	重达30磅的大炮，通常安装在船体中央的滑动支架上
5	船头上的船楼，人们可以在上面射击
6	设在滑动支架上的重达24磅的大炮
7	锁奴隶的脚镣，以防他们逃跑
8	设在滑动支架上的18磅大炮，这是从欧洲船上缴获的
9	可以坐四名奴隶的坐板
10	船桨
11	中央通道，用于监督奴隶划船的情况
12	外侧通道，枪手可以向外射击或作登船之用
13	有屋顶的区域，供船长和指挥官使用
14	船尾船楼，供枪手使用

巴伯路斯兄弟，阿鲁吉和海尔·丁，他们是最令人闻风丧胆的巴巴里海盗。西班牙企图在北非西海岸占领土地，并扩大天主教影响的行动因为巴伯路斯兄弟而受阻。"巴伯路斯"这一绰号因他们蓄有红胡子而得名。

随着他的死去而结束。巴伯路斯的弟弟接管了哥哥的领地。海尔·丁是个深思远虑的人，而且精通六国语言。

1525年，海尔·丁在阿尔及尔建立强大的海盗基地，并加强对该地区的控制，在海上帮助完成奥斯曼帝国的霸业。他的后任，德拉古特重新为伊斯兰人占领了的黎波里。

16世纪晚期，巴巴里诸国家的角色发生了变化。巴巴里的海港开始拥有一定的独立；在西班牙再次占领这些海港之后，这种变化仍在继续。沿海城市实际上已经逐渐成为自治的领地。奥斯曼统治初期，由苏丹任命帕夏管理港口。而帕夏的职权受到奥斯曼帝国苏丹的禁卫军的保护。到后来，这些港口的控制权又落到奥斯曼帝国的内阁会议手中，内阁会议负责任命州长和总督。这些官员成为巴巴里王国的真正统治者。巴巴里的伊斯兰国家军事力量日益强

大，并且能够在地中海上与天主教国家的船只相抗衡。

海盗船的定员编制

奴隶赤裸着坐在坐板上，四、五个人划一支桨。有一名船员负责督促他们的工作。只要有人看起来没有用尽全力去划桨，这个监工就会毫不客气地赏他一皮鞭。

很难说清楚到底奴隶划的船有多快。一开始的一个小时能划5英里（8公里）这个数字大概是合理的。但是有的专家认为，刚开始划时应该有12节那么快（22公里/小时）。

指挥整条船的当然应该是船长，他负责航行的所有事宜。船员一般都是天主教徒和穆斯林船员的大杂烩。欧洲的水手深得北非海盗的喜欢，这些水手凭借自己的航行技术才不至于沦落成划桨的奴隶。

这些欧洲水手在船上工作时是自由的，只有当战争临近时，才会被锁起来。因为他们随时都有被降级当奴隶的危险，所以他们绝对忠心不二。相反，划桨的奴隶已经被剥夺了所有，没有什么可失去的，反而经常反抗。

除了划桨的奴隶和船员，每艘船上还有苏丹的禁卫军，通常有100-140人。他们不负责航海事宜，只管打仗。统领禁卫军的将军也不过问航海的事情，他负责决定是否与敌舰交战。从这个意义上而言，禁卫军将军最终掌管整个航行。

18世纪北非海岸国家以及摩洛哥的阿拉伯人使用的剑。剑上雕饰着许多银和镀金。弯曲的剑刃设计源于亚洲，后经土耳其人传到欧洲。土耳其人根据这种设计制成骑兵的弯刀。

威廉·范德贝尔德1675年的作品——英国船反抗北非海盗。这幅画展示了地中海上英国战舰与数只海盗船的激战。英国战舰正用船舷大炮攻打港口，图上左侧的海盗船桅帆已经断裂，船上正着着火，海盗纷纷乘小船逃离。

可见，一艘海盗船上有这么多张嘴等着吃饭。所以航行的时间都不太长，一般8周，如果能够很快获得战利品，他们就会早点儿返航。

海盗船能够取胜的秘诀在于以速度制胜，因此他们要经常清理船只。海盗会将船拖上岸，把寄生在船底的藤壶（一种蔓足亚纲的海洋甲壳类动物）清理干净。最后在船底上一层蜡，这可以使船在水里平稳地航行。一般每两个月要进行一次清理，每次清理要花费十天的时间。

海盗的作战

直到16世纪晚期，北非国家的海盗都或多或少地与奥斯曼帝国舰队统一行动。但是此后海盗就开始自由行动。阿尔及尔海盗一般在西西里和直布罗陀之间掠夺船只。的黎波里海盗时常骚扰西西里东部的船只；而突尼斯海盗基本上在地中海的中部和东部活动。这三股海盗势力"狩猎"的范围有重叠的区域。

北非伊斯兰海盗的作战策略因时间和环境的变化而不同,但其主旨却万变不离其宗。当海盗接近敌舰时,就会向对方开炮,其恐吓作用远远大于破坏作用。接着,船上的枪手开始向对方甲板上的人开枪。

真正要冲上敌舰进行拼杀的人是海盗船上的禁卫军。海盗船船长此时会用船上的撞角撞击敌舰,这样禁卫军可以从船首登上对方的船。基本上没有船只能够与北非海盗进行一场激战。虽然有的船装备了足够的弹药可以进行抵抗,并成功逃脱,但是因为船员们惊慌失措,往往轻易投降。有的船员会奋力抵抗,他们宁愿凿沉整条船也不投降。

当即将与海盗船遭遇时,船上的乘客有人欢喜,有人忧。有钱的人尽一切所能地藏匿自己值钱的东西,有的甚至把金币或宝石吞到肚子里去。贵族为了被抓后少付赎金,不惜和自己的仆人换穿衣服。海盗对付他们这一套很有办法。只要对他们稍用一点酷刑,值钱的东西藏在哪里就知道了。那些吞下财物的人一喝下催吐剂就都吐出来了。至于对付和仆人换衣服的这种简单伎俩则可以通过观察他们的手指,细皮嫩肉的自然是贵族,手上长满老茧的是仆人。

从前有关海盗对待妇女的记载都是误传。实际上,海盗能够较友好地对待妇女。海盗通常允许妇女呆在自己的船上,而不是将她们拖到海盗船上。如果有禁卫军或船员胆敢调戏船上的妇女,他们是会受到惩罚的。

除了天主教徒和他们随身携带的财物之外,如果是条好船,北非海盗也会将它收入囊中。海盗会派一部分船员上去,将它开回港口。

悬挂假旗的诡计

海盗船出奇制胜的秘诀在于其惊人的速度,这使得海盗的猎物几乎无一幸免。但是如果风向对对手有利的话,海盗就会采取一种古老的诡计——悬挂假旗。这在地中海很有效,后来证明此法在美洲也行之有效。

天主教国家和穆斯林国家的船只极为相似,两条船不横靠在一起恐怕难辨真伪。为了完全掩护自己,海盗船上的禁卫军事先藏好,让变节的天主教徒船员站在甲板上。这样其他船只就会轻易上当。

那些曾经被俘虏到海盗船上的人都认为伊斯兰海盗船上的船员和禁卫军分赃井井有条。海盗船上有一套规定,被俘船上的装备和货物应该怎样分配都规定的十分详细,而被俘船上的乘客和水手可以随便掠夺。谁违反了规定就会受到惩罚。

奴隶的境遇

那些被海盗俘虏的人最终会被带到北非国家。他们面对的是漫漫无期的奴隶生活或是等待赎金的到来。他们首先要忍受奴隶拍卖时对人格的侮辱。州长选出最好的俘虏后,将剩下的人送到奴隶交易市场拍卖。

伊斯兰的法律规定,所截获的货物中必须有一部分"献给安拉",一般是所有货物的七分之一或八分之一。海盗还必须交纳港口使用费和船只租用费。剩下的才能分给船主,那些在作战中表现突出的人会得到额外的奖励。剩下的船员则按照资历的深浅得到应得的一份。船长得到的是水手的十二倍,禁卫军拿的是水手的一半。

在阿尔及尔,那些没有被州长选定当随从的人只能被关进奴隶监狱。其实,并不是所有的奴隶都会在采石场或建筑

戴着脚镣的基督徒来往于北非城市的街道上。俘虏要么等待支付赎金获得自由,要么就成为奴隶。成为奴隶就意味着在采石场工作或成为海盗船上的奴隶。英国各地的村庄纷纷为人质捐献财物。但他们的善意却被中间人利用,从中牟取暴利。

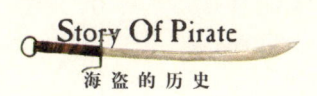

工地上活活累死。奴隶可以挣到一小笔钱，而且可以在安息日休息。有人甚至认为他们比当时生活在英国的奴隶待遇要好。英国的圈地运动使大量农民成为没有土地的穷人。北非有些有胆量的奴隶则借钱在监狱里开小酒馆，最终他们可以挣得足够的钱为自己赎身。但是他们仍然是奴隶，因为他们信仰天主教，因此必须干繁重的工作。

背教者在北非的生活

对奴隶而言还有一条通向自由的道路，即，改变宗教信仰，皈依伊斯兰教。原则上，这样可以使他们获得与狱卒平等的社会地位。在天主教的教义中，改变信仰会遭致来生受苦受难。但这丝毫没有起到威慑作用，而是有许多奴隶选择改变信仰。那些信天主教的水手甚至可以在这两种身份之间游刃有余：他们可以是伊斯兰海盗船的水手，也可以为欧洲商船服务。

但是这种改变信仰并不是"使徒保罗式的大转变"（保罗是《圣经》中的著名人

的黎波里港外的荷兰商船。1551年奥斯曼军队从西班牙人手中攻下的黎波里。因此该城成为北非海盗的又一个大本营。这里有坚固的堡垒，是袭击往来于地中海东部到威尼斯、热那亚以及其他西部城市之间的船只的最佳位置。

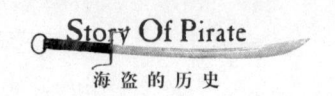

物，曾是犹太教徒，狂热地反对基督教，在去大马士革的路上得见耶稣显灵而皈依了基督，从此把他的一生都献给传播基督教）。绝大多数只是"识时务者为俊杰"，逃避目前的苦难，而非真正的宗教原因才使他们改变信仰。

获得自由的奴隶数目逐渐增多，他们所获得的社会地位高低各不同。但是有的宗教人士仍然认为"一个可以改变自己宗教信仰的人是不值得信赖的"。

天主教的背教者在16世纪后期对整个伊斯兰世界的影响作用达到最高潮。阿尔及尔至少三分之二的海盗船由背教者指挥。他们在北非过着放荡的生活，这在西欧是会让人不齿的。他们可以"腰上挎着剑，在城里喝个烂醉……和摩尔人的老婆睡觉……所有浪荡的事情他们都可以做"。

约翰·沃尔德代表了在北非生活的欧洲海盗的生活。沃尔德是这些人中最有名的一个。他于1553年出生于肯特郡，起初是渔民，后来应招加入海军。不久他就和几个志同道合的水手一起抓获了一条法国商船，来到突尼斯。在那里，沃尔德开始了自己的海盗生涯。到1606年，他已经指挥了一个小型舰队，而且还雇用了500名水手。

当时流行的小册子详细记载了沃尔德的辉煌战绩。他至少截获过20艘英国舰船。他曾经截获的一艘威尼斯商船，价值10万英镑，相当于今天的9千万英镑。不知沃尔德是想收山，还是仅仅因为自己思乡心切，他想得到詹姆士一世的赦免回国。未果。

沃尔德在突尼斯度过了自己的余生，他和15名水手生活在一座漂亮的城堡里，过着富足的生活。1622年，他死于一场瘟疫。

赎回奴隶

身无分文的天主教徒奴隶如果不改变信仰就很难从桎梏中解脱出来，除非他们足够走运有宗教救赎组织将他们赎出来。这些慈善组织从欧洲国家筹集资金。其实，神父筹来的钱足够他们买回许多奴隶，但是通常情况下，当他们到达目的地时已经花掉了一大笔钱。

天主教徒的刑罚。像这种在北非国家受刑罚和折磨的故事在17世纪和18世纪相当流行。这使天主教徒和穆斯林之间彼此的猜忌和敌意更难消弭。

这些神父一到北非就充当起中间人的角色。他们负责在受害者和家属之间传递信息，用信誉担保，保证按计划释放人质，最后找到送人质回家的方式。其中最著名的救赎神父是皮埃尔·达恩，他曾在17世纪到过北非海岸。他在1637年出版的书《北非海盗史》详细地讲述了北非奴隶的生活。

对海盗的管制

欧洲主要海洋强国对北非海盗总是持两面派的态度。公开场合下，他们谴责伊斯兰海盗的行为，而且要求采取一致行动打击海盗。而私底下，他们又承认北非海盗通过让小国的海上利益受损会使他们的海上商业处于有利地位。因此，法国和英国只是周期性地派舰队到北非，打击一下海盗。仅此而已。这样无关痛痒的行动一直持续到19世纪。

我们所说的"炮舰外交"始于1650年。当时荷兰和英国发起反抗北非海盗的远

拿破仑战败和维也纳国会的决心使欧洲国家重新开始镇压北非海盗。1816年8月27日，英荷海军舰队在埃克斯茅斯男爵的指挥下袭击了北非海盗在阿尔及尔的据点。此图描绘的就是当时的情景。随后进行的谈判使一千多名基督徒得到释放，随后北非国家的政府承诺不再进行海盗行为。

征。远征的结果是，荷兰和英国获得了自己国家船只的豁免权。法国也很快加入其中。到1750年为止，许多小的欧洲国家也成功地通过谈判得到豁免权。然而，因为他们没有大国那样的海军力量，小国必须为此特权支付现金或诸如此类的东西。北非国家的统治者成为最大的受益人，而所签订的条约却剥夺了海盗的生计。因此北非海盗经常无视所签订的条约。

18世纪末，北非海盗开始骚扰大西洋上逐渐增多的美国船只。美国人需要英国人的帮助，却遭到英国的拒绝。美国只能向北非当政者交付贡品。1801年为了解决这个问题，一支美国舰队访问了地中海。两年后，他们又进行了第二次访问。

1815年拿破仑战争结束后，北非海盗再也无法坐收渔翁之利。此时反对蓄奴的呼声也日益高涨。美国人又一次派舰队来到地中海，这次从北非三国得到许多赔偿。

1816年，英国舰队重重打击了阿尔及尔，迫使当局释放了1600名奴隶。1830年，法舰占领阿尔及尔，这对北非海盗是致命的一击。

北非的天主教徒海盗

离西西里最近的海域只有150公里宽。所有东、西过往船只都必须经过一系列岛屿。除了西西里岛之外，马耳他是最大的海岛。其他一些小岛零星地散布在海洋中间。

马耳他是十字军医院军事修会从罗得岛匆忙撤离后不得不去的岛屿。十字军医院军事修会到达马耳他的时候，那里的经济已经开始衰退，只是西班牙阿拉贡王国统治下的一个贫穷的地方。

对医院军事修会而言,马耳他并不是一个理想的地方,这个岛必须从西西里进口一半以上的食品,而且岛上的防御工事也已经荒废多时,毫无抵抗能力。

起初,医院军事修会的骑士们只把这里当成临时的家园,仍然希望境遇更好一些。但事实证明,这里将成为他们的最终归宿。1551年奥斯曼帝国的进攻使岛上的骑士认识到巩固要塞的重要性。

骑士团在十五年后的一场拉锯战中蒙受了巨大的损失,而这次事件成为骑士团在马耳他的转折点。骑士团决心全身心地建设该岛,他们在岛上建立了一流的防御系统。在他们慷慨的资助人的帮助下,马耳他又一次繁荣了起来。

这幅画展现了英国水手登上阿尔及尔的海盗船进行肉搏战的情景。当然并不是每次海战都是充满血腥的。1815年斯蒂芬·迪凯特率领的美国舰队与海盗进行了长时间的海战后终于登上海盗船,他们惊奇地发现海盗船上的禁卫军都坐在那里抽烟。

1540年的一把佩剑,曾经放在马耳他圣诺翰军事宗教团兵器库中。上面的拉丁文写道,"他相信您,上帝。"

马泰奥·佩雷的作品《围困马耳他》。1565年夏天,奥斯曼帝国的军队围困马耳他,"马耳他骑士团"坚守阵地直到西班牙派兵援助。原本奥斯曼帝国以为会轻易取得胜利,但是好运和正确的领导,再加上土耳其人的重大战略失误挽救了"马耳他骑士团"。

"马耳他骑士团"和海盗

"马耳他骑士团"在岛上的造船厂建造了一支海军。他们在罗得岛的时候就学会了怎么建造并装备战船。他们来马耳他时带了三艘巨型帆船同行,此后他们的舰队又不断扩大。

"马耳他骑士团"的帆船性能极佳,享有盛名。每一条船都装备齐全。"圣安娜"号建成于1524年,是当时地中海上最强的战舰。该船载有50门重型大炮,并可以容纳600名武装士兵。

"马耳他骑士团"组建的海军与西班牙舰队一起航行直到1576年。然后开始负责打击北非海盗或为天主教国家的商船护航。他们的海军军舰中不全是巨型帆船。自从1478年,他们就已经用西班牙大帆船当补给船,并以此扩大舰队的舰船数目。18世纪早期,他们又将一些帆船换成帆船编队,18世纪后期,"马耳他骑士团"的海军开始与北非海盗作战。

"马耳他骑士团"除了在马耳他建立了一支强大

"马耳他骑士团"的会长奥德雷斯·勒利吉厄。1605年,会长建立委员会负责管理马耳他岛上的海盗活动。他们必须悬挂"马耳他骑士团"的旗帜,只能攻击穆斯林船只。

的海军之外，还鼓励并组织岛上的海盗。"马耳他骑士团"来岛之前，这个岛上海盗的许可证由西西里颁发，他们经常袭击土耳其的船只。1530年后这些海盗归于"马耳他骑士团"的管辖。

1605年"马耳他骑士团"建立委员会来管理日益繁荣的贸易。在委员会的管理下，海岛上的海盗要悬挂"马耳他骑士团"的旗帜，也只能袭击穆斯林的船只。

马耳他帆船

马耳他帆船与北非海盗的帆船在许多方面都有相似的地方。但这两种船最大的不同在于不同的驾驶技术。马耳他人比北非海盗更喜欢使用枪炮，所以马耳他帆船需要精良的武装。但是这样的话，他们的船就会很沉重，不容易驾驶。

马耳他帆船和海盗船一样，也必须由奴隶划桨，但奴隶基本是穆斯林，也有一少部分信天主教的社会渣滓，他们有的在意大利城邦犯过罪。划桨工中还有一些是自由人，这些可怜人被称为"义务奴隶"。字面上是"志愿者"的意思，但在马耳他语中仍然有"恶棍"的意思。这些人和奴隶的待遇差不多，但也享有一点特权——可以蓄胡子，只戴一个脚镣。

总体而言，在马耳他船上的奴隶的境遇要比伊斯兰海盗船上的同行差得多。通

虽然天主教徒的帆船装备更多武器，设计更坚固；但与北非的海盗船仍然相差甚微。这是一个1770年帆船的模型，在它的三角帆后面还有一个后帆。这种样式的帆船直到18世纪才流行起来。圆滑而狭窄的船体适合在水中运动，船首仍然保留了撞角的设计。

Story Of Pirate
海盗的历史

常骑士也会驾船航行，有的还会指挥海盗船，最大的船上一般会有30名骑士。马耳他船上也有类似于北非海盗船上禁卫军的军队。

马耳他海盗的"狩猎"

"马耳他骑士团"只准许马耳他海盗在一定的海域逡巡航行——北非海岸或地中海东部的累范特地区。后来禁止的海域日益扩大到海岸50海里（80公里）以外的所有海域。

即便有如此的规定，马耳他海盗仍然会到地中海的广阔海域。实际上，他们时常出没于船运交通最繁忙的海域。最诱人的地段就是连接埃及与伊斯坦布尔的地中海东端海域。这里经常来往着奥斯曼帝国的商船以及它们的护航队。它们是马耳他海盗最好的猎物。

马耳他海盗捕捉猎物的策略与伊斯兰海盗的有很大的不同。他们会先把对方船上的桅绳打断，等到敌船彻底瘫痪后再登船。有时也会向敌船的甲板上乱放一阵枪，击退他们的抵抗。在持久战中，马耳他海盗会利用他们身高的优势先向敌船的甲板上扔几枚手榴弹。

当然，这种铤而走险的策略也经常派不上用场。马耳

一名"马耳他骑士团"的十字勋爵。1099年圣诺翰军事宗教团在圣诺翰教堂卫理公会建立了第一座医院。这座医院可以容纳两千名病人。

他海盗通常会将目标锁定为那些不会抵抗的小型船只。他们会先向这些船招手，靠船，然后进行盘问。他们会问船的目的地、货主是谁，船、船员和乘客属于哪个国家等一系列问题。一旦有任何与土耳其有关的货物或乘客，马耳他海盗就会立即登船，进行掠夺。

俘虏的命运

从马耳他海盗对待船上乘客的方式上可以看出他们的本性。穆斯林理所当然会受到极差的待遇，但天主教徒也往往难逃厄运。法国旅行家让·泰内诺特记下了自己所遭受的经历：他被海盗剥得只剩下一件衬衣，独自在寒风中瑟瑟发抖。海盗还经常恐吓鞭打乘客，以便让他们把所有值钱的东西都交出来。

最后，泰内诺特被扔在巴勒斯坦的海岸上。海盗通常把天主教徒扔到小船上，让他随波逐流，自生自灭。这种事情是司空见惯的。

而那些被海盗带回马耳他的穆斯林教徒所过的生活和北非海盗的奴隶的境遇十分相似。马耳他繁荣的奴隶贸易成为天主教国家中第二大奴隶交易市场。被拍卖的奴隶有的为"马耳他骑士团"工作，有的则为岛上的海盗干活，还有许多被卖到国际奴隶市场。

没有上船当桨工或被卖出国的奴隶都被关在格兰德港的三座奴隶监狱里。白天，他们出来从事各种繁重的工作，或在采石场或在建筑工地。这些奴隶都穿着阿拉伯服装，一只脚上铐着脚镣。

马耳他的奴隶也和阿尔及尔的一样可以自己做生意赚钱为自己赎身。只是他们的

19世纪时土耳其使用的来复枪。枪栓由珊瑚装饰，枪托由枫木制成，上面镶嵌着各种圆形小饰品、饰边以及其他一些用檀木、青铜和象牙制成的伊斯兰图样。

Story Of Pirate
海盗的历史

这个浮雕上展现的是土耳其人登上一艘希腊海盗船的情景。法国占领北非大部分地区，清扫了大部分海盗活动。但是摩洛哥的海盗一直到19世纪60年代都十分猖獗，而且东部的海盗仍然是个大问题。拜伦的诗歌《海盗》就描写了希腊海盗的情况。为了争取独立，希腊的海盗在爱琴岛的活动十分频繁。很少有船只能够幸免，尤其是土耳其的商船。

限制更多一些，所有的奴隶夜晚都必须回到监狱里。马耳他和北非的奴隶境遇相似，这并不离奇。如果其中一方对奴隶的待遇恶化，则另一方也会随之发起报复。这种针锋相对的复仇方式在北非和马耳他之间一直保持着平衡。

马耳他的奴隶也可以用赎金买自由。有工作的奴隶赎身的可能性比在船上划桨的奴隶大。划桨的奴隶是比较稀有的"上品"。通常他们要一直划到年老或体力虚弱不能再划为止。此时，他们才可以不用支付赎金就获得自由。有一名为马耳他海盗船划船的埃及奴隶直到80岁才获得自由，一生中有50年在为北非海盗划船。

马耳他奴隶的赎身制度与北非的制度相差无几。马耳他有专门的机构操作赎身程序，而且有的奴隶还可以亲自还乡筹钱。

分赃制度

海盗船上有专门的军需官,他会把贩卖奴隶所得到的钱和其他缴获的财物都记在账簿上。航行归来后,账簿上记录的财物就决定了海岛要分赃的数目。参与航行的各方都可以从中分得一份利润。

赃物要先分给"马耳他骑士团",通常会长要提十分之一的利润。其次得到好处的是各级负责海盗事务的官员。最后船长拿11%,剩下的平分成三份。船员得三分之一,另外的则分给债券持有人和拥有船只产权的人。持有船只债券的股东来自社会各个阶层,因此每次航行的成败直接关系到全岛的经济。

这种简单的分赃制度下还隐藏了许多其他补贴和分赃方式。比如,船长必须从他自己的所得中拿出一份给其他高级官员。船长在这种分配方式中拿到最丰厚的金钱,因此这也是吸引许多人当船长的重要原因。但是与这些金钱相称的是无尽的冒险生活,许多人死得很早。据说海盗会将他们得到的大部分金钱挥霍在瓦莱塔的酒吧和妓院里。

马耳他海盗的发展

自从1605年重新管理马耳他海盗贸易后,整个17世纪海盗贸易都得到了蓬勃的发展。到60年代时,海盗船队的数量达到30支,是历史上最多的时期。受雇的水手高达4000名,差不多是马耳他岛上成年男性的五分之一。

由"马耳他骑士团"授权的海盗经营着贸易公司,这对岛上的经济起到了不容置疑的重要作用。因此,每个海盗船员都希望他们的航行可以有很大的收获。这样他们就很难保证不违反规定,尤其当他们在海上找不到猎物时。天主教国家的船只具有如此大的诱惑力,以至于让马耳他海盗无法抗拒。

17世纪早期的时候威尼斯的商船成为马耳他海盗的猎物,但是威尼斯商人从马耳他法庭胜诉并得到赔偿,同时要求海盗遵从"马耳他骑士团"的规定。此后,海盗又将注意力转向希腊船只。有些海盗认为虽然希腊人是天主教徒，但他们宣誓效忠于东正教会，而非罗马教皇。很显然，海盗利用这一点作为自己的借口。起初，希腊商人在"马耳他骑士团"的法庭上也能胜诉，虽然可能要花费几年的诉讼时间。

马耳他海盗仍然在地中海上招惹事端，即使是袭击那些穆斯林船只。因为绝大部分骑士来自法国，所以随着时间的流逝，马耳他海盗逐渐被人们认同为法国海盗。一旦穆斯林商人损失了货物或船只，他们就会通过其他途径向法国进行报复。

法国政府自然对这种向自己公民报复的行为表示不满。他们向"马耳他骑士团"施加压力，要他们制约海盗行为。逐渐地，来自法国和梵蒂冈的压力使马耳他海盗的行动自由受到了限制。

17世纪后半期，法国商人正在积极争取奥斯曼帝国的巨大市场。而法国商船负责着日益增长的穆斯林贸易。此时法国商船受到马耳他海盗的袭击，这必然遭致激烈的外交反应。

最终，"马耳他骑士团"不得不屈服于法国的压力。骑士的收入大部分来自于法国的采邑；如果他们不服从法王，他们的所有财产都将被没收。自此，法国的商船不再受到海盗骚扰，而英国和荷兰的船只防御设备精良，海盗很难得胜。于是，海盗又将注意力转向了希腊的商船。但是最终，政治压力使得海盗不能袭击任何国家的船只。具有讽刺意义的是，马耳他海盗不是被他们的"异教徒"敌人打败，而是被他们天主教国家同盟的外交政策击败。到1740年，马耳他海盗事实上已经消失了。

"马耳他骑士团"的衰败

马耳他海盗的衰落最终也使培养和建立这只海盗队伍的组织衰败。事实上，"马耳他骑士团"又在马耳他岛逗留了60年左右。此时，他们彻底改变了小岛上的经济。他们把岛内深水港的要塞加固，并在要塞里面建造了一座城市——瓦莱塔。他们建了造船厂、教堂、剧院、工厂和码头。他们还鼓励农耕并提供就业机会。

但是骑士们放荡的生活招致了岛上人民的不满。"马耳他骑士团"虽然是一个宗教团体，但他们的成员却养尊处优。甚至有一些还因为酗酒和嫖娼而臭名昭著。

Story Of Pirate
海盗的历史

在海盗的袭击中,暴力和折磨是必不可少的元素。这幅1807年画的插图表现了在甲板上作战时的可怕场景。"特罗布里奇上校"号的夏普船长受伤,被海盗铐上脚镣,钉在甲板上。

骑士放荡的生活方式和傲慢的态度导致了1775年的一场暴乱,圣埃尔莫要塞暂时失去了控制。但是来自世界上的变化,而非马耳他内部的原因毁掉了"马耳他骑士团"。曾经给予"马耳他骑士团"生命的"十字军"宗教信仰的热情到18世纪已经衰退。在这个天主教国家和穆斯林国家自由贸易的商业时代,"马耳他骑士团"已经越来越不符合时代的发展了。

最后的致命一击来自法国大革命。"马耳他骑士团"都是贵族,他们侥幸从绞刑架上逃出,在马耳他安身立命。冻结他们在法国的巨额财产在所难免。1792年,马耳他骑士失去了经济来源,他们又勉强撑了6年。1798年拿破仑的舰队从这里取道埃及,当时"马耳他骑士团"拒绝给舰队提供淡水。几天后,"马耳他骑士团"就被全部撵出该岛。

103

地中海局势

海盗、武装私船者、传教士、商人、奴隶等等都可以成为海盗的一分子。地中海的争霸战争都是因为商业和政治原因,当然也有宗教原因。北非海盗和马耳他海盗都是武装私船者,他们所取得的许可证大同小异。通常他们的武装私船行动都做大宗买卖,地中海两岸的投资者都会入股,以期获得丰厚的利润。但从这一点而言,海盗贸易其实也是一种简单的海上贸易。海盗之间的战争是为海洋强国的意志服务的。

荷兰、法国和英国的船往往不会受到海盗的袭击,这绝不是巧合。因为这几个国家是天主教国家,不会受到马耳他海盗的袭击。通过与北非政府达成的谈判条约,他们的船也获得了穆斯兰海盗袭击的豁免权。

这形成了所谓的"交换协议"。英国、法国和荷兰的船可以自由地在地中海海域航行,而两方的海盗则相互攻击对方。这种方法使得英国和法国的商人在地中海获得大宗贸易。法国人将这一点阐述得很清楚:"我们清楚地知道把所有的北非海盗赶尽杀绝是不符合我们的利益的。"

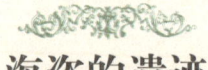

海盗的遗迹

北非海盗销声匿迹之后,人们对他们仍然记忆犹新。他们象征着黑暗、残忍的海盗,他们狂热的宗教信仰使他们成为十分危险的人。19世纪早期北非海盗的船只都被烧毁,海盗形象开始带有浪漫和神秘色彩。

拜伦爵士在1814年写的史诗《海盗》中描写了一名皮肤黝黑的、积极向上的英雄。尽管拜伦努力改变北非海盗在人们中的形象,但长期以来人们一直对此持有憎恨和误解。

Story Of Pirate

海盗的历史

第五章
海盗的黄金时代

罗伯茨在作战时骁勇善战。他身穿华贵的血红色马甲和马裤，帽子上插着红色的羽毛，脖子上戴着黄金项链，项链悬着钻石十字架的挂坠，手中握着一把宝剑，两把手枪挂在丝质背带上。

查理·约翰逊，1724。

这是一幅具有召唤力的图片——《身材瘦长的海盗看着一名出色的士兵》，由弗兰克·斯库诺弗创作。此图表现了黑胡子船长的船员行进穿越北卡莱罗纳州的查尔斯顿。黑胡子船长一生中最出名的就是于1718年封锁查尔斯顿。他率领一艘战舰和三艘小船驶入港口，劫持整个镇子勒索赎金。因为无法忍受黑胡子船长的劫掠，总督派遣两艘皇家战舰前往欧克莱克特港口平定海盗行动。

受到官方纵容的法国海盗进行的最后一次冲锋——这次战斗意义也许是最伟大的——1967年四月，他们攻击了西班牙的黄金港口卡塔赫纳。德普安蒂男爵率领一支舰队协同让·巴普蒂斯·迪卡斯领导的法国海盗对这座防御坚固的城市进行了大规模攻击。在舰队炮轰要塞的同时，整个部队对其实施围困。5月6日，在双方达成允许城市居民保持现有财产的条款后，总督宣告投降。即使如此，法国的船只在5月31日还是满载黄金珠宝离开。他们行动如此迅速，唯恐遭遇英国和西班牙派来的救兵。

前面几个章节主要介绍的是海盗们充满血腥和罪恶的历史，但在始于18世纪早期的那段辉煌时代却很少被人提及，这就是"海盗的黄金时代"。在这短短的30年中，加勒比海和南美的海盗对行驶于欧洲美洲间和非洲亚洲间的商船进行掠夺。

这伙加勒比海和南美的海盗来自不同的国家。维尔京岛上停靠着很多国家的海盗船，巴哈马的新普罗维登斯是英国和美国海盗的巢穴。西班牙海盗在古巴、波多黎各和圣奥古斯丁活动。法国海盗的据点则在马提尼克岛。

黄金时代的海盗形象在画家、作家和电影制作人的演绎下已经广为流传。大多数我们现在听说过的海盗都是这个国际兄弟会的成员。1722年，海事法庭绞死了罗伯茨船长的五十二名

可以刺穿敌船桅索的双头弹。这种子弹在特拉法加战役中初次投入使用，在纳尔逊司令的战役中杀死了8名船员。

Story Of Pirate
海盗的历史

1922年9月画家弗兰克·斯库诺弗为《美国男孩》杂志所作的插图《硝烟中的黑胡子》。所有对黑胡子的描述都是那么恐怖。为了使自己的船员听从命令以及迫使受害者不战而降,黑胡子船长故意显示出可怕的模样。

船员,最为盛行一时的海上抢劫落下帷幕。海盗继续抢劫海运,但是声势大不如前。

过去海盗是乌合之众,不同国籍、种族、能力和性格的人聚集在一起。以下描述是对这一时期的最好写照:"他的出身卑劣,财产稀少,生活毫无希望。"但有些人有着不错的身世。还有些接受过良好的教育。如1723年被审判的约翰·欣奇毕业于爱丁堡大学。后来他证明自己是被迫在海

霍华德·派尔为其文章《一个富有城镇的命运》所作的插图《从市民手中敲诈钱财》。这篇文章于1905年11月在《哈泼斯月刊》发表。迪卡斯的海盗们感到在德普安蒂分配酬劳时被愚弄。一伙背叛者返回并设法威逼利诱攫取更多财富。

盗船上担任医生而被无罪释放。

海盗是18世纪媒体的宠儿,公众热情地关注着他们的行为。他们的许多功绩和性格特点被记录在编年史中,印发着审判记录的海报被公众抢阅。海盗审判受到群众的滋扰,但是他们最喜欢看的是绞刑。穿着华丽的绞刑犯在受刑之前会向老百姓抛撒金币或珠宝。

群众屏住呼吸等候着受刑者最后的陈词。他们会向勇敢死去的海盗鼓掌,嘲笑懦弱者,从中得到欢悦。

战争产生海盗船

英格兰和西班牙不可避免地卷入18世纪的战争中,这次战争关系到保持欧洲的均势。欧洲各国间的战争也延伸到了西印度群岛。英法为争夺新世界的控制权以及加勒比海和北大西洋海域海上贸易专权而进行了百年战争,海盗在这些战争中拥有了使用海盗船的特权。

一名巴哈马殖民官员抱怨说,随着大西洋地区和平条约的普遍签署,"西印度群岛地区总是海盗泛滥"。

1695年起,牙买加总督写信给英格兰国王称西印度群岛地区如此多的人从事海盗,以至于没有人愿意在商船上当水手。几年之后,随着《里斯威克条约》的签署,英法战争结束。成千上万的水手和海盗船失业,为了生计,他们选择以海盗为生。

和平滋生海盗

1713年《乌德勒支条约》签署后,时世变得更加艰难。尽管欧洲正处于四分之一个世纪的和平时期中,但是战后被解雇的船员们无法找到适合的职业来养家糊口。战

《1708年5月28日卡塔赫纳战役》,作者塞缪尔·斯科特。在法国洗劫的几年后,一支英国舰队在城镇附近海域攻击了西班牙运宝船队。一艘船被劫持,另外一艘被驱逐到海岸边,但是满载宝藏的"圣何塞"号却因为其军火库爆炸而起火沉没。

一位无名画家创作的水彩画，反映的是英国军舰在英吉利海峡追击一艘海盗船的情景。这艘三桅杆海盗船悬挂着黑色的海盗旗。通常一艘海盗船会携带一排旗帜，在接近受害船只时会悬挂表示友好或中立的旗帜，在最后时刻会变成海盗旗帜，从而对受害船进行闪电般的袭击。

争期间，他们可以在官方授意下进行劫掠。战争结束后，许多人不得不变成海盗，当法国和英国为争夺因西班牙衰落而留下的势力真空时，这些国家往往对海盗熟视无睹，海盗也因此扩大了自己掠夺的地理范围。在战争中从来看不见荷兰海盗身影，因为荷兰政府在舰队中雇佣了训练有素的士兵，他们可以应付下一场不可避免的冲突。

海盗的猛增是可以预见的。在西印度群岛地区奴隶的使用严重地限制了普通白人的就业机会，老水手们的前途也不乐观。在和平年代，海军和商船都没有足够的职位满足战争中退役下来的水手。更何况，和平时期的职位收入很低，条件很差。

战争结束后，西印度群岛地区和美洲海港一线的殖民地繁荣起来。英国也取代西班牙向西属殖民地提供奴隶以及其它商业特权。法国、英国和荷兰繁荣的殖民商业为海盗提供了诱人的机会。西班牙恢复运宝船队的航行也使海盗更加喜欢光顾这一海域。1717年，宾西法尼亚殖民地总督詹姆士·洛根估计南美洲海岸有至少1500名海盗在活动。同年，百慕大总督哀叹"北美洲和南美洲是无赖滋生之地。"

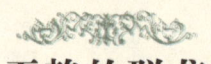

无赖的群袭

这些无赖是谁？从记录上看，大部分人是来自英国西部和威尔士地区的社会底层，其身体中流淌着海盗的血液。1722年非洲黄金海岸被绞死的52名海盗中一半都来自威尔士或者英国西部乡村。有的海盗曾是仆人或贫穷的殖民地白人。由于欧洲国家间宗教矛盾导致了新教国家同天主教国家的对抗，爱尔兰和苏格兰的天主教海盗经常参加西班牙和法国的远征，而并非担当英格兰船上的船员。信仰新教的法国人则在英国的海盗船上服役。

逃跑的奴隶、白人与黑人的混血儿也会出现在许多海盗船上。甚至还有记录表明有一名印第安人曾随同海盗船长查理·哈里斯一起航行过。一伙由苏格兰、英格兰、西班牙、葡萄牙、黑人和混血儿组成的海盗团伙在西班牙人阿戈斯蒂诺·布兰科的领导下在巴哈马驻守了二十年。大多数海盗都是单身，无依无靠。海盗一般不会接纳已婚男子，以避免潜在的家庭纠缠。

黄金时代的海盗船长大约都在30到40多岁左右，但是大多数海盗25岁。这在今天看来很年轻，但是在18世纪，30岁的人已经不算年轻。通常17岁的年龄是从事海盗业的黄金年龄。

海盗的酬劳

几乎所有讲英语的海盗都来自两个渠道：从英国海军征募而来，或者从武装私船而来。

相比较而言，海盗船员的生活就像假日巡游。很难想象战船和商船上的船员条件是何等的可怕。许多被抓来的人被迫当起水手，时常受到欺压。当船进港时，为了防止这些船员弃船逃跑，通常都会被铐上脚镣。一位军官称英国海军中很多船员因为疾病而残疾或死亡，还有人开小差，以至于根本无法同海盗作战。据估计，在1600到1800年间有50%的英国和美洲人因受到压迫而死于海上。

海盗可以为那些可怜的船员提供逃跑的机会。当一艘商船被抢夺，海盗经常给船员入伙的机会。

大多数人愿意这样做。海盗询问船员关于军官的情况，特别是船长和军需官。被认为残忍或卑鄙的军官会在经受折磨后，被杀死。或者他们会被放在一艘小船上

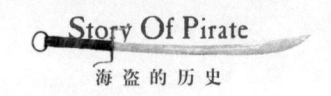

漂流，任其生死。有的还会遭到勒索。

海盗所提供的不仅仅是将船员从这个漂流的地狱中解放出来。海盗的生活并不容易，但是至少作为海盗成员是一个群体中的平等一员，这个群体享有集体决策机制。海盗们结成风险共担的关系，并且享受着一种自由，这在岸上或合法的海事服务部门中是难以想象的。在出海之前或者选举船长时，船员会签署一系列的书面文件，以构筑一种牢固的团体精神。这些文件出自武装私掠船的抢劫条款，船员要在《圣经》或者船斧前发誓。这些条款规定了船上的生活、船员责任、纪律和分赃制度。

这个时代的海盗也建立起一种早期的福利制度，这与加勒比海盗的制度相似。一部分劫掠的财物专门用来赔偿那些在战斗中残疾的海盗。

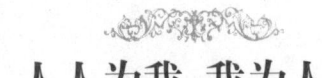

人人为我 我为人人

海盗通过颠覆海军和商船组织中苛刻而残忍的专制组织结构而辉煌起来。海盗船长由船员选举，为他们服务。船长只是"战斗、追击和逃跑"时的指挥官，随时可能因为残忍、懦弱和拒绝劫掠财宝而被投票废黜。船员会选出一名军需官负责分发食物、调查舞弊以及调节争端。军需官有时会担当一些被劫掠船只的船长。

也许最受海盗尊敬的就是海盗委员会，这是每次海盗航行的最高权力机构。这个机构有权决定海盗去哪里，做什么，以及如何处理问题。它同海军船上的战争委员会类似，但是两者也有区别，战争委员会只有最高级别的军官参加，而海盗委员会中，每名海盗都是成员。

海盗条款

条款随着船长人选的变化而有细微的不同。海盗们同巴塞洛缪·罗伯茨签署的条款具有典型性，在约翰逊的书中有详细记载。这些条款体现着民主、平等和纪律性。

约翰逊船长在书中称，条款的原本在罗伯茨被捕时被扔到海里，这意味着某些条款中有些内容是绝对不能泄露的。

乔治·劳瑟船长的船上有一条条款，规定第一个发现目标的人应该奖励最好的枪或轻武器。还有一系列条款强调，坚决杜绝火灾。在船长约翰·菲利普斯的复仇号上，其条款第六条规定："玩弄武器，或在船舱中吸烟时烟管没有加烟帽，或点蜡烛没有加灯罩会受到严厉的处罚。"一般受到的处罚是39下鞭刑。

船长没有太多专权，分得的口粮同船员一样，居住的船舱船员可以随意进出。船员可以在船上任何地方吃饭和休息。船长、军需官、外科医生、木匠和水手长得到的分成比普通海盗多。音乐家也是如此，他们粗犷的表演（通常走调）可以提升己方士气，瓦解敌人。

囚犯

海盗的报复心很重，经常将生活的不满发泄到具有高贵出身的俘虏，尤其是担任军舰军官和商船官员身上。1726年菲利普·莱恩被捕时吹嘘自己在海盗生涯中杀死过37名船长。

一些海盗虐待成性。最残忍的当属爱德华·洛船长。当一名葡萄牙商船的船长将一只装满金子的袋子扔到海里时，他将这个船长的舌头割下来，并当着他的面烤熟，然后在杀死所有船员之前强迫其他葡萄牙人将其吃掉。虽然有时海盗会保留缴获的船只，并加以改装使用，但是不需要的船会被点燃抛弃在海上，有时候被俘者就被绑在桅杆上。一次，丧心病狂的船长洛将所有船员带走后，只把船上的厨师绑在桅杆上，让他和这条船一起被熊熊大火吞没，因为"这个油腻的家伙"很适合被烧烤。

妇女会受到一定保护；然而，为之付出的代价是接受某个海盗的"求爱"，曾有记录表明，有的妇女曾受到过海盗的侮辱。俘虏会因为各种理由受到折磨。如果是船员的头目，或者因为藏匿宝物，或船上没有值钱的货物，他们就会受到惩罚。惩罚的

Story Of Pirate
海盗的历史

方式多种多样：有的会被绑在桅锁上，然后从上面落在甲板上，摔死；有的会被剥光衣服作为练习射击的靶子。

更为龌龊的海盗"游戏"叫做"发汗"。在甲板上点上一圈蜡烛，强迫囚犯一个接一个地围着蜡烛和桅杆跑圈，每名海盗拿着刀子等着"刺他们的屁股"，直到囚犯累得倒下。

有时海盗对那些口碑良好的军官会仁慈一点儿，但是也不会太好。毕竟海盗是利用残暴的手段恐吓受害者尽快投降。除此之外，海盗还是抢掠的代名词。桅杆上升起海盗旗意味着受害船只将被洗劫一空。

18世纪时建立的墓碑，位于苏格兰津泰尔县希普内斯公园内。骷髅和交叉的两根骨头过去经常是死亡的象征——海盗的旗帜上通常画着这个图案。沙漏和其它标志代表着时间的流逝和有限的生命；它也出现在海盗旗上，来警告投降时间是有限的。

黑底白骷髅海盗旗

"死亡之神"的旗帜也是海盗团结的象征。在刑罚严厉的时代，很小的过错就会受到绞刑的惩罚，因此绞刑

这是一面珍贵的19世纪的海盗旗。这面旗由芬兰海员从北非带回，现珍藏在马利汉姆的海事博物馆。这面黑旗上画着一个头骨，下面是两根交叉的骨头（本身就代表死亡）。这种海盗旗大概从18世纪早期就在加勒比海地区使用，而且很快在世界各地的海盗中间使用。这个标志反映了海盗无神论观和对他们所处的时代的挑战。

对于蔑视法律和社会的人不算什么，面对死亡是小事一桩。

在黄金年代，海盗旗帜各不相同，但是普遍用象征死亡和暴力的黑色作为底色。骷髅和交叉的两根骨头组成的图案出现在17世纪的英国墓碑上。在海上，当有人死亡时，船长会在航海日志上死亡的船员名字旁边画一个骷髅。海盗喜欢用骷髅和雕刻有花纹的朗姆酒杯祭奠死亡。这种酒杯在那个时代的英国酒吧很流行，但是加勒比海盗只用白蜡或椰子壳做的杯子。

谨小慎微

船长洛的海盗旗是一个在黑色背景下的流血的骷髅，非常可怕。洛和乔治·劳瑟的一生代表了海盗们最无情和最残酷的一面。洛生于英国的威斯特敏斯特，小时候就是个鲁莽的小偷。随后他在一艘波士顿商船上做船员，因不良行为被辞退。迫于生计，他在洪都拉斯海湾做伐木工。他在和老板的一次争吵中，杀掉了一名旁观者，然后同几名同伙劫持了一艘小船当起了海盗。

劳瑟开始是皇家非洲公司贩奴船上的一名助手。因为承受不了非洲海岸的瘟热而憎恨航行。为了防止奴隶反抗，船长将来自不同部落、操不同语言的奴隶放在一艘船上，因此贩奴船为了装满奴隶往往要在港口停泊数月。很多人在停泊时死于热带疾病。劳瑟对现在的生活感到身心疲惫，于是领导了"冈比亚城堡"号船员的哗变。后来劳瑟被选为船长，在加勒比海地区从事劫掠。有记录记载，"冈比亚城堡"号上110名船员中有大约72%的人不愿意成为海盗，这些人都在一年内死去。虽然死于大麻的海盗有一大批，但是死于酗酒和疾病的海盗比起被绞死的要多，死于船难比在战斗中死亡的还要多。

劳瑟和洛，一丘之貉

开曼群岛是海盗的一个避难所，劳瑟在这儿认识了洛，并提升他为自己的副官。

Story Of Pirate
海盗的历史

他们一起在印度洋和弗吉尼亚海角劫掠船只和迫害俘虏。劳瑟自创了一套酷刑来对待那些不老实的俘虏。

1722年5月，在洛自立门户之后，劳瑟的运气变坏了。他的船在南卡罗来纳州海岸与英国商船海战时，遭到英舰的顽强抵抗，劳瑟的船被击毁。不得不停靠到遥远的北卡罗来纳州过冬。在修船期间他只能在岸上生活。

春天来到后，他驾船向北行驶，整个夏天的时间都在纽芬兰海上劫掠商船。根据传统，冬季应该在更加宜人的气候中度过。1723年8月，他向西印度群岛驶去。虽然他们截获了一些战利品，但是补给仍然不足，他的船员们每天口粮不得不减半。这时正是他的帆船要进行清理的时期，劳瑟把船开到乌龟岛附近的一座小岛上。他的船上被倾覆过来进行清理，桅杆和桅索布满整个海岸。此时，劳瑟和他的船员惊奇地发现"鹰"号帆船。这艘船属于南海公司，从巴巴多斯岛驶出。

在加勒比海温暖的海水中，海洋生物很容易

乔治·劳瑟和他的船员用船帆做成一面帐篷，以此作为临时的栖身之所。他们的船已经被拖上岸，船身被倾斜过来进行底部清理、接缝、以及更换被腐蚀得船板。船体在接受清理时，海盗是很容易受到攻击的。

附在船壳上，不断地清理工作是很有必要的。海盗们藏匿于拱洞之中。倾侧清理是海盗最容易受到攻击的时刻。"鹰"号同海盗们交火，几名海盗被杀，大部分被俘虏。劳瑟、三名船员以及一名年纪很小的鼓手除外。"鹰"号带着海盗的船和被俘虏的海盗船员离开后，有人在海滩上发现了劳瑟的尸体，旁边还有一支手枪。大多数被俘虏的海盗在圣基茨被判处死刑。劳瑟的死看起来是自杀，这是海盗很少采取的行为。

他以前的伙伴命运则好得多。洛带领自己的船员成功地逃脱了多次追捕，有时候还不得不放弃贵重的战利品。他带领船员飘洋过海，船员们也不断地在战斗中倒下。洛的面容十分恐怖：他的脸因为被一名俘虏抽打而毁容。

洛和他野蛮的船员们总是任意割掉敌人的脑袋。他们曾割掉一名新英格兰捕鲸船船长的耳朵，然后逼他自己吃掉。他们玩锯人的游戏，把葡萄牙的修道士绑在桅杆上吊死。他们杀人纯是为了取乐，而不是因为仇恨，这样或许可以缓解隐藏在自己微笑之后的恐惧。

至于船长洛后来的下场如何众说纷纭。有人说他同船员一起死于海难，但还有人说他可能去了巴西。很多人认为他在一次发火时杀掉了军需官，另外三名同伴和他一起遭到放逐。

船长爱德华·洛在暴风雨的夜晚站在海岸上，他的背后有一艘船正在缓缓沉没。洛因为他和船员对待受害者非常野蛮而落下了一个邪恶的名声。

新普罗维登斯："海盗的巢穴"

这一特殊时期的海盗如果没有自己的基地则无法生存。最为有名的海盗巢穴就是新普罗维登斯岛的巴哈马群岛。自1680年起，这个人口稀少的地方开始成为海盗的聚集地。当时热心的总督罗伯特·克拉克发布了私掠船授权书，给这里的海盗穿

Story Of Pirate
海盗的历史

法国艺术家奥古斯特·弗朗索瓦·比亚尔创作的浪漫主义版画。当海盗船停靠到一只美洲船旁时,狡猾的海盗装扮成妇女和无恶意的市民试图隐瞒自己的海盗身份。

上了合法外衣。

新普罗维登斯是一个优良的海盗港口,可以停泊500艘海盗船。但是对于追击的军舰而言水面太浅,是个易守难攻之地。这里补给充足,地理位置优越。海滩沿岸布满了简陋的小酒馆,人来人往熙熙攘攘。商人们纷纷在这里定居,他们为海盗们提供给养,并且收购他们的赃物,多数赃物被走私到殖民地进行转卖。据弗吉尼亚的报道称,海盗对美洲商业的打击比一场战争对商业的打击要严重得多。

海盗共和国

为了控制海盗的规模,一大批执政官被派往新普罗维登斯;但是日益增长的海盗势力又把他们打包送回。英国海盗首领托马斯·巴罗和本杰明·霍内古德宣布成立海盗共和国,自己成为当地总督。这个"国家"吸引了一大批海盗船长。以前的私掠船和世界各地的逃犯纷纷来到这个海盗乐园;中美洲海岸的伐木工为摆脱西班牙追击来到这里;契约佣工,不管男女老少,也在这里安了家。

海盗们在每次航行中都十分向往回到新普罗维登斯度假,那里有佳人和美酒。据说每个海盗向往的地方不是天堂,而是到这个天堂般的小岛上慵懒地躺在吊床上享受海风。这个岛上可以任意嫖妓、赌博和饮酒。

海盗的食物和海盗的时尚

海盗喜欢喝辛辣和刺激的饮料。最流行的是一种叫做"炸弹"的混合酒,由朗姆酒、水、糖和肉豆调和而成。另外一种流行的饮料是由生鸡蛋、糖、雪利酒和啤酒混合而成,叫做朗姆棉花酒,尽管不含朗姆酒成分。海盗也很喜欢掠夺来的白兰地、雪利酒和葡萄酒。很多人因为酗酒死亡。

海盗喜欢吃的食物也是辛辣而刺激的。新普罗维登斯的破酒馆里提供一种辛辣的沙拉,由很多随手可得的原料拌成。鲜肉、鱼肉、龟肉和贝类动物经过腌制后同煮熟的鸡蛋、腌制的洋葱、卷心菜、葡萄酒和橄榄油一起食用。

在海上时,海盗通常穿着粗布做的裤子和上衣。在交战时会穿上涂有松脂的衣服,或厚皮毛做的衣服以抵御刀剑袭击。在岸上时,他们会穿得衣冠楚楚,俨然像个绅士。他们把抢来的华贵衣服穿到

身上，有时候显得很不得体。有些海盗甚至戴着假发，脸上涂抹着脂粉，打扮得像伦敦的花花公子。海盗喜欢华贵的首饰，他们戴着手镯、耳坠、珍珠、金项链以及从天主教国家的船只上抢来的镶嵌着珠宝的十字架。

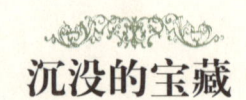

沉没的宝藏

1715年，12艘西班牙铁甲帆船连同装载的价值一千四百万比索的财宝在佛罗里达海岸遭遇飓风沉没。哈瓦那总督立即派出救援船进行救援。在经过努力后，他们打捞上大部分沉没的财宝。

在此之前，很多加勒比海的寻宝者听说了这场海难。曾经是一艘私掠船指挥官的亨利·詹宁斯立即组织起一支300人的海盗队伍袭击救援营地。警卫们闻风丧胆，匆忙逃走，35万件财宝被遗弃在那里。海盗们随后劫持了一艘西班牙货船，抢夺了船上的现金和货物，并以新普罗维登斯为基地在西印度群岛地区进行疯狂的劫掠。

到1716年，新普罗维登斯的一伙自称为"飞行帮"的海盗已经扼制住了从新斯科舍到西班牙本土的海上路线。商船不得不由军舰护航，每次要支付货物总价值12.5%的费用。

一名海盗在伦敦塔附近的泰晤士河岸被行刑时的最后时刻。监狱的牧师正在听死刑犯最后的陈述，而坐在马上的执行官背对着观众，急切地想看看死刑犯被处死。这幅版画由英国艺术家罗伯特·多德创作。

"演说家"贝拉米

船长塞缪尔·贝拉米是这个时期在北美海岸活动的新普罗维登斯海盗中的一员。后来，他的船因为船员酗酒而在暴雨中沉没，沉没地点在科德半岛附近（美国马萨诸塞州东南部）。1984年，沉船的残骸被定位在水底六米处。潜水员找到了一些金币和银币，还有金条和珠宝以及船钟。

贝拉米遗弃了妻子和孩子来到西印度群岛上，他与同伙设置假的信号灯来诱使毫无戒备的船只行驶到他们的岸上，对"猎物"进行抢劫。1717年，贝拉米劫持了一支船队，真正成为了一名海盗。他的旗舰装备了28门火炮。其手下大都来自英国和爱尔兰，其中还包括25名从一艘圭亚那船上偷来的奴隶。他在一艘单桅帆船的护航下向北美航行，一路上烧杀劫掠。贝拉米的一位手下证实，他们一共劫持了50艘船，其中一些船被毁坏或烧毁，其它的船则被改造成海盗船。

贝拉米是这些无法无天、与社会对立的海盗的一个缩影，因为擅长发表激情四溢的演讲而被称为"演说家"。他对一名波士顿商船的船长吹嘘："我是一位自由的王子，我拥有百艘战船和10万精兵，可以向整个世界开战。"

伍兹·罗杰斯起航战斗

日益肆虐的海盗迫使乔治一世不得不展开行动。

1718年7月1日，曾经是私掠船船长并环游世界的伍兹·罗杰斯到达拿骚港。这里停靠着200艘船只，岸上估计有上千名海盗。他王命在身——被国王任命为舰队司令官和总督，负责统治整个巴哈马群岛。罗杰斯颁布了国王的赦令：所有在1718年9月5日前决定悔过并发誓不再从事海盗行为的海盗将被特赦。在此之后，所有不悔过者将被逮捕并被绞死。

许多海盗选择金盆洗手，有的海盗则乘机逃跑，还有一部分反对派要与总督对

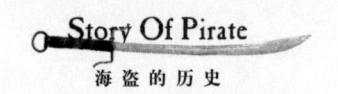

抗。一名叫查理·巴内的反对派头目将一艘船装满火药并且点燃，让船向英国的船队漂去。顷刻间整个船上火光冲天，几英里范围的夜色好像都被点燃了。

随后巴内与同伙驾驶着一艘装满战利品的帆船逃离港口，消失在夜色中。他在逃窜的三年中，偷窃过佛罗里达海岸外1715年沉船上的银条，还在美洲海岸上劫掠过船只。随后又在卡罗来纳州沿海进行恐怖活动。他曾经在岸上与黑胡子船长会面，这两个海盗在一个小港口尽情狂欢。

最后巴内的运气耗尽。他的船遭遇海难后，巴内被一艘英国船救起。英国人认出他的身份后，把他送到罗耶港处以绞刑。

伍兹·罗杰斯成功地剿灭了很多海盗巢穴，并把其中一些海盗变成农民。很多曾经的新普罗维登斯居民厌倦了海盗的生活，决定开始新的生活。很多曾经的海盗成为罗杰斯最忠实的跟随者。

黑胡子船长

新普罗维登斯岛上最不可原谅的人就是黑胡子。他带领三百名海盗在西印度群岛游弋。他在同英国军舰的交战中取得胜利，因此成为加勒比海地区最受关注的人物。黑胡子船长是人们永远谈论的对象。

尽管黑胡子船长并不像某些海盗那样野蛮，但是他却最能吹嘘自己。因此他的名字成为恐怖和魔爪的代名词。有关他的出身的资料不详，名字也有待考究。他是英国人，在战争期间是私掠船上的一名水手。

黑胡子船长在霍尔内戈尔德的"流浪者"号上开始了自己的水手生涯，很快因为表现出色被提升为一艘小帆船的船长。他们在古巴和美国海岸劫掠，随后在弗吉尼亚海滩进行修整。船舶修整完毕后，他们会沿着海岸向西印度群岛行使。

离开圣文森特时，劫持了一艘从非洲前往马丁尼克岛的法属圭亚那商船。成船的奴隶、金粉、金条、银盘、珠宝盒以及其它货物完全超出了他们的想象。为表彰蒂奇，霍内尔戈尔德给他这艘商船的指挥权。这是艘荷兰建造的大型船只，坚固而且装备精良。黑胡子船长根据自己的需要对商船进行了改装，并命名为"安妮皇后复仇"号。

在18个月的航行中,黑胡子船长在弗吉尼亚到洪都拉斯的一路上劫掠,抢夺了至少20艘船的战利品。他烧掉一些船,其它的编入自己的舰队。大多数美洲殖民地背弃了海盗,但是北卡莱罗纳州由于缺少获利性商业仍然欢迎海盗。

黑胡子船长喜欢提升自己声望,性格令人恐惧。他留着黑色的长发和长胡子,都用彩色丝带编成小辫,阴沉的脸上嵌着一双暴怒的眼睛。在战斗时,他腰间挂着三只火枪,看起来像地狱来的魔鬼。黑胡子可怕的形象同他那暴戾的性格相当匹配,甚至他自己的人也对他是恐惧三分。

一次,他同船员们喝酒,自己突发奇想,要想建个"地狱"体验那里的生活。他同两三名迎合自己的船员一起下到船底,把成罐硫磺点燃,随后关闭舱门。被囚禁在里面的海盗屏住呼吸,最终难以忍受个个求饶。最后黑胡子打开舱门,他很高兴自己坚持的时间最久。

一天夜晚,他正同炮手伊斯霍尔·汉兹(史蒂芬的小说《黄金岛》中的原型人物)以及船舱里的另外一个人一起喝酒。突然,他拿出两把枪放在桌子上。一名深知船长怪脾气的船员立即逃到了甲板上,而汉兹还丝毫没有反应,仍自顾自地喝酒。黑胡子熄灭蜡烛,拿起两把枪射击。一枚子弹穿过炮手的膝盖,让他变成了个瘸子。当船员问黑胡子船长为什么这么做时,他咒骂到,"如果我不杀掉其中的一个人,他们会忘掉我他妈的是谁。"

著名版画家爱德华·蒂奇有关船长约翰逊的早期作品。约翰逊船长,即"黑胡子船长"。他一身戎装模样。在他身后是停泊在港口的装备了40门火炮的战船"安妮皇后复仇"号,他曾驾驶这艘船航行在加勒比海和美国东海岸

1718年的1月，黑胡子和他的船员向查理·伊登总督投降。伊登得到了黑胡子的一部分战利品，但是没有阻止他厚颜无耻地倾侧修船准备下次航行。殖民地的税务部长托拜厄斯·奈特公开支持黑胡子船长进行下一次劫掠。

施耐德·邦尼特：海盗门外汉

黑胡子在第一次洪都拉斯航行中遇到了黄金时代的另外一个海盗船长，来自巴巴多斯的施耐德·邦尼特少校。邦尼特是个中等年纪的上层英国人，从军队退役后经营着一个大型种植园。当邦尼特少校放弃舒适的生活开始海上犯罪生涯时，这个消息在整个巴巴多斯社会引起震动。他可能是为了摆脱自己的泼妇妻子吧，谁知道呢？他的船"复仇号"装备有十门火炮。同其他海盗的船队不同，这艘船是他自己买来的。他雇用了70名水手，只有一小部分有经验。就这样，施耐德·邦尼特少校带着自信和憧憬出发了。

当他与黑胡子船长见面时，邦尼特正设法劫掠一些战利品，但是他对自己的水手信心不足。真的难以想象出这一对奇怪的搭档在一起时的情景：穿着奢华的黑胡子船长，留着充满野性的头发，眼睛炯炯有神；而邦尼特则身材矮胖，穿着华服，俨然一个花花公子。尽管他们有很多不同，但还是决定结伴航行。航行过程中，黑胡子船长立即意识到，原来邦尼特是个做事拙劣的门外汉。

"复仇"号上的船员很高兴黑胡子指派自己的副指挥官理查德指挥邦尼特的船。理查德做事很聪明，他向邦尼特谎称自己从来没有做过这种差事，也不在乎这个位置。他巴不得赶紧辞掉这份苦差事儿，倒可以过得逍遥自在。但是实际上，邦尼特成为黑胡子船长的囚犯。

邦尼特的船员完全地背叛他，邦尼特开始想，自己不如在西班牙的一个殖民地登岸。但是随着黑胡子在卡罗来纳州和西印度群岛间不断地劫掠大批战利品，邦尼特意识到自己是不可能逃脱的。

邦尼特在港口停泊期间向总督讨了一个私掠船的差事。黑胡子船长则把"复仇"号给盘剥得干干净净。邦尼特驾驶着要来的私掠船，跟在黑胡子船长后面航行。但是他意识到根本无法跟上黑胡子船长的航行计划,于是邦尼特自己开始沿着弗吉尼亚到特拉华海湾的海岸游弋。现在他已经是有经验的海盗,可以劫掠到一些战利品,其中还有一艘不小的船。

在菲尔海角整修期间,他被南卡罗琳娜的威廉姆·雷特上校逮捕。通过贿赂狱官,他从监狱逃跑。但是雷特又将他和其他33名海盗抓回。尽管他声称自己没有参与劫掠,只是跟着黑胡子航行,但还是被判有罪。邦尼特的不称职行为也让他的28名手下丧命,其中大部分都是年轻人。他们在1718年11月8日被处死。

这位绅士海盗认为他会被宽恕,于是写信给总督要求赦免。但是南卡罗来纳已经海盗成灾,不得不进行整顿。12月10日邦尼特少校被处死。

黑胡子的报应

海上贸易是弗吉尼亚的支柱,因此黑胡子船长不断劫掠商船的行为不可饶恕。当伊登总督对海盗活动不闻不问时,弗吉尼亚的商人和种植园主要求海盗的仇敌斯波茨伍德总督

霍华德·派尔所作《黑胡子船长最后之战》。黑胡子船长悲壮地死去。在被英国皇家海军梅纳德指挥的两艘军舰围困后,他疯狂地冲上敌舰的甲板,进行肉搏战。黑胡子船长找到梅纳德并向其开火,但是没有命中。梅纳德立即还击,击中了黑胡子,随后两人拔剑搏斗。正在激战时,旁边一名水手刺穿了黑胡子的喉咙。在身上被多次击伤后,黑胡子慢慢倒在甲板上,结束了其海盗生涯。

打击海盗。当弗吉尼亚立法机构就如何筹集资金建立舰队的问题吹毛求疵时，斯波茨伍德慷慨解囊。

黑胡子船长的恐怖统治在邦尼特被处死一个月前结束，斯波茨伍德总督派遣罗伯特·梅纳德率皇家海军"珍珠"号清剿海盗的巢穴。海盗船"冒险"号和一艘被劫掠的商船正停泊在北卡罗来纳的欧克莱克特港，据说黑胡子船长计划在这建立海盗据点。他恋上附近一个种植园主的女儿。他每到一个港口都会寻找艳遇，有十四个有夫之妇和他有奸情。

梅纳德指挥了两艘雇用来的小帆船出发，它们可以在浅滩和河道中自由航行。1718年11月21日黄昏，他确定了海盗船的位置。黑胡子船长和十八名船员正饮酒作乐，疏于备战。第二天早上，正在饮酒的海盗同皇家海军交火，最终皇家海军大获全胜。

黑胡子船长差点儿打中梅纳德，但梅纳德还击时，击伤了黑胡子。黑胡子船长在硝烟中带着伤继续抵抗，并同梅纳德展开肉搏战。正当黑胡子船长明显占上风时，一位海军士兵击中了他的喉咙。黑胡子船长倒在血泊中，鲜血从脖子上流出来。

黑胡子船长的脑袋被吊在梅纳德的船首桅杆上，随后被带到弗吉尼亚示众一个月。十三名被俘虏的海盗也被处死。

严酷的法律

在一个月时间里大批海盗在弗吉尼亚和南卡罗来纳被处死，美国海岸线上的海盗巢穴也被摧毁。但是西印度群岛还遭受着普罗维登斯海盗的骚扰。罗杰斯亲自对要被押送到拿骚的十名海盗进行审判，尽管他没有这样做的法律权力。九人被判有罪，一个人因为能够证明是被迫从事海盗而被赦免。

1718年12月12日，在他们被判刑的两天后，一个装有九个镣铐的绞刑架被竖立起来。海盗被带到绞刑架上，每个即将被处死的海盗可以对着人群做最后的陈述。大约100名士兵在现场维持秩序，因为人们对海盗充满好感，海盗们面对死亡毫不畏惧。

Story Of Pirate
海盗的历史

罗杰斯冒着危险处决了海盗,但是也付出代价。激动的人群中跳出一个人煽动其他人骚乱,罗杰斯立即开枪打死他。自此以后,尽管有些反抗,但是没有叛乱出现。实际上,当1720年2月底西班牙军队攻击这个殖民地时,罗杰斯得到了当地人民坚定的支持。一支由英国炮兵和五百名曾是海盗的人组成的军队打败了西班牙。

安妮·邦尼和玛丽·里德

在海盗岛上最不同寻常的海盗要数安妮·邦尼和玛丽·里德,她们曾经同巴内的前任军需官约翰·拉克姆一同航行。当两人在罗耶尔港接受审判时,18世纪的媒体打起了新闻战,她们也成为很多民歌歌颂的对象。

安妮·邦尼是著名律师威廉姆·科马克的私生女,曾做过女仆。安妮性格粗野,自称十三岁时曾将一名女仆刺伤。母亲死后,她为父亲打理家庭事务,家里的万贯家财也使她成为男人们追逐的对象。

她同一名叫做詹姆士·邦尼的海员私奔,而被她的父亲剥夺了继承权。这对夫妇在新普罗维登斯开始了新生活,但是安妮很快厌倦了丈夫。她投入了约翰·拉克姆的怀抱。她和约翰偷了一艘帆船,开始了海盗营生。

他们劫持了一艘荷兰船,胁迫船员跟着他们做海盗。安妮看上了一名长相俊俏的船员。当她

在一场决斗中重伤一名海盗后,玛丽·里德拉开自己的衣服告诉对方自己是个女人。做海盗的女性很少,但是玛丽·里德和安妮·邦尼被记载下来。目击了她们的审判的人说,她们不断咒骂和反抗,比其他海盗更变本加厉。

发现自己的心上人竟然是个英国女人时，既震惊又失望。这个人叫玛丽·里德，平时喜欢穿男人的衣服。她是一位伦敦妇女的私生女，当她出生时父亲已经海上漂泊了一年。玛丽为一位法国贵妇做男仆，但是她天生喜欢更加刺激的生活，于是去了一艘战舰做船上侍者。

后来英法战争爆发后，她参加了陆军，还当过骑兵。玛丽结婚不久就变成了寡妇，又回到了自己喜欢的生活中，在一艘商船上当船员。玛丽的女儿身只有安妮和约翰知道。约翰邀请她加入自己的团伙。这两个女人是"优秀"的海盗，从不惧怕战斗。船长约翰逊称她们两人意志坚定，喜欢做危险的事情。

1720年10月底，当他们的船在牙买加外海停泊时，一艘牙买加总督派来清剿海盗的私掠船向他们发起攻击。激战过后，海盗投降。私掠船船长乔纳森·巴尼特在法庭上作证，他们只遇到了两名海盗的抵抗。其中一个海盗向其他藏匿起来的人开枪，嘶喊着要他们起来战斗。后来发现这两人是女人，于是单独受到审判。安妮和玛丽被判处绞刑，但是根据法律，两人因为怀有身孕而被免刑。玛丽后来在监狱中死于发热。安妮失踪，或许由于她父亲的影响力获得假释。当拉克姆被执行绞刑时，他要见安妮。但是安妮鄙视地看了他一眼，吐出一句话，"如果你战斗时像个男人，你就不会像狗一样被吊死。"

船长约翰逊书中版画上的安妮·邦尼。经历了早期冒险的生活后，邦尼和玛丽·里德的一切在一艘海盗船上结束了。她们和约翰·拉克姆一同游弋在西印度群岛，在牙买加西岸被捕。她们被送上法庭进行审判，最终因为怀孕而幸免一死。

黄金时代结束

很多因素导致了海盗黄金时代的终结。18世纪20年代末，海军内部权力滥用问题得到解决，随着国王废止领主特权，政府官员的素质得到提高。腐败的官员被品行良好者代替，官员的罢黜制度也鼓励他们消灭殖民地的海盗。

1722年巴塞洛缪·罗伯茨在位于非洲几内亚海岸的维达，背景是海盗船"皇家财富号"和"伟大流浪者"号。他旗舰上的海盗旗是他自己的设计：旗子的图案是他的两只脚站在一个骷髅上，一只标着ABH，另一只标着AMH。它们分别的代表"一个巴贝多人的头"和"一个马提尼克人的头。"——意指这就是这些岛上总督试图剿灭加勒比海盗的下场。在维达，罗伯茨有11艘船进行掠夺。此后罗伯茨在一场战斗被杀死，他的船员全都被逮捕。

1721年的《海盗修改法案》规定，凡是同海盗进行交易的人将受到严惩。这一立法大大帮助了官员打击海盗及其销赃活动。随着时间的推移，地方经济得到了充分发展，完全可以终止海盗商品交易。

除此之外，这些海上违法分子的野蛮行为大大损毁了他们在人们心中的浪漫形象。劳瑟和洛是海盗暴行的缩影，但是随着被镇压和处死的海盗数目增加，海盗采取的暴力行为也在不断升级。新英格兰海盗约翰·罗伯特就是个典型例子。他虐待囚犯的手段异常残忍，他会将人鞭打致死，或者割下他们的耳朵和鼻子。被抓捕的海盗也同样受到司法的折磨。1725年，苏格兰海盗约翰·高拒绝辩护，被判处死刑。高被处死后，尸体被示众以警示他人。

自1664年起，位于西非黄金海岸的海岬堡就是英国商贸和殖民地统治的据点。它也成为皇家非洲公司的海外总部和象牙及奴隶贸易的中心。这里也是打击海盗的军事重地。1722年，历史上最大的海盗审判在这举行，受审的包括罗伯茨船长手下的幸存海盗。

"伟大海盗"罗伯茨

　　巴塞洛缪·罗伯茨是黄金时代最后一位，也是"最伟大"的一位海盗船长。在他的时代，他是"伟大的罗伯茨"，海盗中无可争议的王者。他性情冷漠，长相俊俏，穿着雅致，人称"黑男爵"。

　　他总是斜挎着两把火枪，腰间插着一把弯刀。他管理手下十分严格，不准赌博，鼓励他们向上帝祈祷。据记载，罗伯茨是海盗中唯一的禁酒主义者，但是事实上，他喜欢喝茶的性情并不意味着他是个软弱的人。

　　罗伯茨勇猛无畏的性格也激励着船员。他的声望可以使敌人不战而退。他的一生充满传奇色彩，凭借一艘小船就劫掠了22艘船。最后不得不留下一艘大帆船运载战利品。他还全歼了港口外的一支法国舰队。其中的一艘双桅帆船被他改名为"皇家财富"号，并成为自己的旗舰。

Story Of Pirate
海盗的历史

据说他成为海盗不是因为生计所迫,而是想剔除一些贵族人所特有的高傲以及追求创新和挑战。罗伯茨36岁时才成为海盗。他的职业生涯从一家商船公司开始,后来成为船上的二副。后来,他的船被威尔士海盗豪厄尔·戴维斯船长劫持。

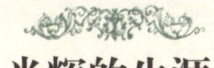

光辉的生涯

戴维斯的海盗生涯开始于他的贩奴船被爱尔兰海盗爱德华·英格兰劫持。戴维斯从此开始海盗营生。

当戴维斯遇到罗伯茨时,他已经掠夺了大量的财富。戴维斯很骄傲自己从没有强迫任何海员,他很高兴罗伯茨能同他一起当海盗。

六周后,在劫持了大批战利品后,戴维斯在几内亚湾王子岛的葡萄牙聚居区遇到埋伏被杀害。

罗伯茨爵士的勇敢和智慧使得自己被一致拥戴为新船长。他将葡萄牙聚居区夷为平地,为戴维斯报仇。罗伯茨率领船队向巴西航行,在那里他趁着敌人疏忽机智地劫持了一艘葡萄牙旗舰。船上的财宝价值连城,本来要进献给葡萄牙国王的镶有钻石的十字架也戴到了罗伯茨的胸前。

他们把赃物运到一个位于圭亚那恶魔岛的西班牙殖民地。据传说他们劫持

查洛纳·奥格尔船长的画像,因为他同罗伯茨作战有功,被授予爵士爵位,最后成为舰队总司令。奥格尔率领皇家海军舰艇"燕子"号追击罗伯茨。他在一个海角下发现了罗伯茨停泊的船只。罗伯茨和他的船员都已经醉在甲板上。战斗打响后,罗伯茨亲自指挥,但是被弹片击中喉咙死亡。应他的要求,他的船员停止抵抗,将他的尸体扔进大海。

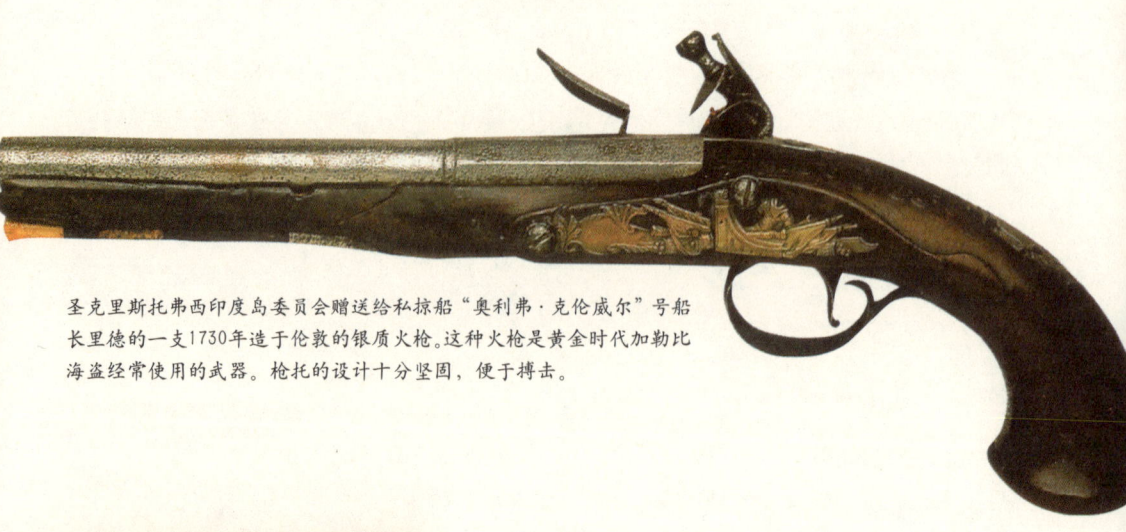

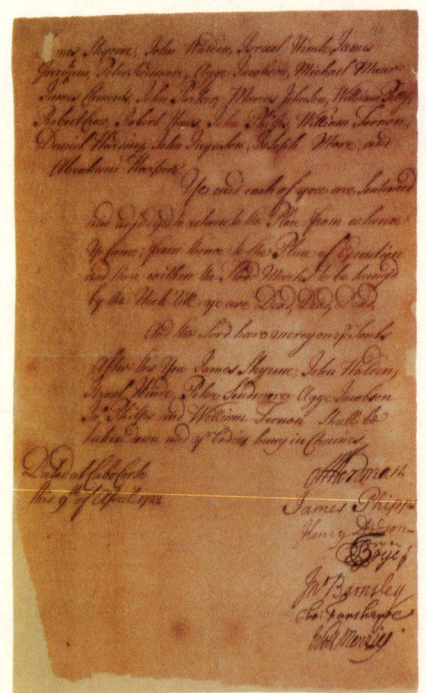

Story Of Pirate
海盗的历史

圣克里斯托弗西印度岛委员会赠送给私掠船"奥利弗·克伦威尔"号船长里德的一支1730年造于伦敦的银质火枪。这种火枪是黄金时代加勒比海盗经常使用的武器。枪托的设计十分坚固,便于搏击。

1722年19名海盗的死刑判决书。他们被绞死在城堡门外,并被弃市示众。总共91人被判有罪,54人被判死刑,其中52人被绞死。

的这批宝物还藏在小鳄鱼岛的山洞里。但是很可能海盗在恶魔岛几周的纵情狂欢后所剩宝物已经寥寥无几。

1720年,罗伯茨率船队驶往加勒比海。他的船队经过了一个夏天的疯狂劫掠已经有些疲惫不堪,再加上海军的船只在加勒比海巡航频繁,罗伯茨决定率船队向西非航行。一场噩梦般的旅行开始了。在经过大西洋时,南风迫使他的船向北偏离航向,不得不利用西大西洋的东北信风向南行使回到加勒比海。

在两千多英里的航行中,船始终没有停靠过陆地。整船的人备受煎熬。罗伯茨不得不一天只饮用一口水。海盗们饥渴难忍,不得不喝海水或尿。痢疾和瘟热在船员中蔓延,很多人死去。罗伯茨则怀有坚定求生欲望。当船队终于驶入浅水时,大多数人已经麻木不仁,根本顾不上关心自己是死是活了。第二天他们在南美的海岸登陆时,大家纷纷饮水相庆。

经历这次接近死亡的旅程后,罗伯茨根本不把来自海军的威胁放在眼里,他率领船队取得了一系列的战斗胜利。罗伯茨在加勒比海地区劫杀抢掠,无恶不作。他们让所有的人闻风丧胆。

到1721年春天,可劫掠的船只剩的不多。罗伯茨的船队满载战利品向非洲进发,他们在塞拉里昂进行休整。

从此罗伯茨在非洲海岸开始了勒索的营生,凡是被勒索的船只必须交纳赎金才能继续航行,否则货物连同船只将被一起烧毁。

罗伯茨好运的结束

罗伯茨船长看起来似乎是不可战胜的。但是1722年2月,查洛纳·奥格尔船长指挥皇家海军"燕子"号发现了他的行踪。

皇家海军已经追踪罗伯茨六个月,但是屡次失败。罗伯茨以为"燕子"号是艘商船,只派遣"伟大流浪者"号进行跟踪。奥格尔将"伟大流浪者"号引出罗伯茨的视线,随后进行攻击,最终大获全胜。

当奥格尔返回时,海盗们还在抛锚停泊,所有人宿醉未醒。"燕子"号悄悄接近,对海盗发起突然攻击。罗伯茨在战斗中被打死,他的手下根据他的遗言将其执行海葬。

海盗罗伯茨的传奇生涯就这样结束了。他的手下此时也群龙无首,丧失斗志,随即投降。更可笑的是一位刚从沉醉中醒来的海盗看见"燕子"号时还嚷着要劫持。

船上大部分海盗被抓获,奥格尔船长也因此功绩被授予爵士爵位,后来成为舰队司令,他从缴获的战利品中获得了大批财富。

海岬堡审判

幸存的罗伯茨船长的手下一共264人被运往海岬堡接受审判,这也是最大规模的海盗审判。在审判之前，19人因伤死亡；一些人获得释放。受审的165人中只有8人是年老的水手。他们曾是黑胡子船长和戴维斯的手下。其他的人都是刚招募不久的。74人被判无罪，54人被判死刑，其中两人被减刑。还有17人被押往伦敦监禁。剩余的20人被判7年苦役，但是没有人活着完成刑期。

52名死刑犯在两周时间里先后被绞死。行刑时大批群众前来观看。这次审判也标志着海盗的黄金时代结束。18名海盗的尸体被吊在绞刑架上示众，这样残忍的场景也宣告了欧洲帝国主义统治的世界里没有海盗生存的空间——具有讽刺意义的是，有了海盗的帮助，这个世界才可能形成。

世界上仍有零星的海盗活动，即使今天海盗还在几个偏远的海域劫持船只。只要人类存在，海盗行为就不会消失。但是在国际政治和经济制度形成的过程中，海盗不再像黄金时代那样成为影响经济和政治的重要影响因素。

Story Of Pirate
海盗的历史

第六章
海盗的乌托邦

合法的工作是瘦弱的平民做的，工资微薄，劳动强度很大；而做海盗会有丰厚的收入，温饱和快乐的生活，以及自由和权势；不必担心欠债，最大的代价就是受到几个煽动者的仇视。不，我的座右铭就是过及时行乐的生活。

巴塞洛缪·罗伯茨

霍华德·派尔创作的版画"走木板"，海盗经常利用可怕的手段残害受害者，迫使他们说出藏匿的宝物的下落，但是很少有记载有人被强迫"走木板"。尽管如此，人们还是认为这种方式是可怕的。实际上，与此极其类似的惩罚方式是皇家海军采取的"吊龙骨"方法，或者还有一种更古老方法，专门惩罚杀害同船水手的方法：罪犯同受害者尸体绑在一起，然后扔进水中。

Story Of Pirate
海盗的历史

约翰逊船长在所著的《海盗简史》一书中提到米松船长和他的船员。他们在马达加斯加岛上建立了一个乌托邦式的共和国，并自豪地称之为"自由国度"。这块聚居地如同古老传说中的天堂；他们期望建立一个自由、平等以及充满兄弟情谊的社会。"自由国度"的海盗们是"人类权利和自由的守护者"；他们反对"富贵和特权"。通过发动"被压迫者"反抗"压迫者"的战争，他们确保"公正是平等的。"米松和他的同志们有着崇高的目的。

在内部管理中，他们实行一种民主制度，人既是法律制定者，也是执行者。他们设法使"自由的生活"制度化。他们反对专政，实行选举制度，认为权力不是终身的，也不是世袭的，而是以三年为期。他们限制领导者的权力，权力只能用作为大家谋福利。他们选举委员会作为最高权力机构，当选者必须是最有能力者，不分种族和国籍。

米松的海盗们反对资本主义，反对劳动和资本的剥削。他们坚持人生来自由，具有生存权。他们憎恶通过盘剥积累财富，认为人人拥有的生存权是自然的一部分，并且认为海盗行为是自我保护的战争。

任何缺少出生权和自由快乐的人会在自由国度将重拾自由和得到福利。他们重新定义了财产和权力的基本关系。他们不需要金钱，大家共同占有财产，所有财富应该平均分配。这些海盗曾经是水手、劳动者以及盘剥的受害者，他们最终找到一片自己的乐土。这里环境宜人、土地肥沃、海产丰富，他们在此安居乐业。一旦年老或受伤后无法承受艰苦的生活，"自由国度"是一个享受劳动果实和养老的好地方。

这里废除了没有人性的奴隶制度，解救了很多贩奴船上的奴隶，并成为他们社会中的自由人。这里聚居了各种肤色的人，来自不同的国家。"自由国度"融合了不同的文化、人种和国籍。

米松和他的手下建立起一种激进民主的乌托邦制度，反对剥削、资本主义所有制关系、奴隶制度和国家主义，崇尚正义、民主、自由和公共权利。米松和自由国度具有历史和政治意义，对英国革命中的激进主义思潮有长期的影响。

根据希尔的观点，"自由国度"是这个大西洋工人阶级的生活传统、实践和理想的文学表述，《海盗简史》的作者将观察到的一切加工并翻译成书。"自由国度"集

托马斯·罗兰森于1811年创作的版画《朴茨茅斯港》。船坞地区鱼珠混杂，是个充满暴力和危险的地方，吸引了大批叛逆者和犯罪者，他们实际上是海盗。朴茨茅斯的这个区域因酒馆、妓女和醉汉而闻名。在这幅画中，海军和水手正向他们的妻子和爱人们告别。

中了18世纪初期海盗船上乌托邦式的实践，是基于某种历史的事实。通过研究自由国度以及历史根源，我们可以理解为什么海盗业具有如此大的魅力。在"自由国度"中，我们可以看到普通水手如何设想以及在实践中如何创造一种反对海上生活和劳动主流的文化。

"自由国度"的根源

"自由国度"——海上乌托邦的出现不同寻常。船员们经历了长时间才自动地组成一个他们向往的小社会。盎格鲁大西洋海盗长期服务于国家和商业团体的需要。但是随着时间的推移，对海盗的控制逐渐由社会顶层退化到底层，由最高的国家职员，到大商人，到小商人，最后到最底层的人。当退化到最底层时，水手们建立起一个不受商业和君主控制的社会。他们对商人的财产进行攻击，而控制国家政权的人诉诸武力和刑罚消灭海盗。"自由国度"代表了海上阶级夺取对海盗的控制的过程；

水手的食物很劣质。上图是船上的一块饼干，饼干、咸猪肉、干豆以及啤酒是水手的主要食品。压缩饼干是用面粉和水做成，如果保存得当，能够存放几个月。

这种分裂主义是对国家剿除他们发展的一种回应。

形成"自由国度"中海盗社会秩序的根源很多且十分古老。有叫做"安乐乡"的传统农民乌托邦，也有古代和中世纪海上生活的惯例。在海盗帮助英国、法国和荷兰上层阶级对付他们共同敌人西班牙时，普通的水手就开始形成自己的传统，其中一个叫做"牙买加法"或"私掠法"，就是17世纪加勒比海盗留传下来的风俗。这个风俗特点是实行民主管理和扶助伤者。

17世纪加勒比海盗是由形形色色的人组成的，有罪犯、妓女、逃债者、奴隶、政治犯等等。他们来自不同的国家，具有不同的身世。

17世纪的加勒比海盗起源于一种多民族的流浪社会，由自由劳动者和逃脱种植园苦役的人组成。这里集中了反抗的农民、逃兵、小农场主、失业工人、以及来自其他国家和文化的人。有一批人还是参加过英国革命的激进分子，身上还穿着褪色的"新模范军"军服。在这个新世界他们实行在大西洋另一侧参加革命时的选举制度。

除此之外，17世纪加勒比海盗文化的另一个根源是17世纪席卷法国的农民暴动。这里的很多人曾经参加了反对皇权的法国农民暴动。他们显示了自发组织、建立社团、选举代表、和颁布法令的能力。这种经验渗透到加勒比海盗的社会规范中。导致18世纪初海盗社会规范形成的根源有很多，其中一些深深植根于大西洋两岸过去的争斗。

然而最根本的根源同17世纪末和18世纪初海上生活和劳动特有的经验紧密联系。简而言之，海盗的

码头地区的犯罪活动已是司空见惯，无论是赃货交易还是任何更加直接和暴力的交换。这幅图片描述的是小偷正在攻击和抢劫渡船上柔弱的乘客。

社会同商人、海军和私掠船息息相关。"自由国度"存在的前提是船员文化和经验。

水手的命运

大西洋的大多数海盗曾是商船船员，后来被海盗劫持后自愿参加入伙，其原因很难解释。一种普遍观念认为当船员就等于蹲监狱；因为船就是一座可能被淹没的监狱……甚至还不如在监狱里过的舒服。在18世纪，商船上的船员生活得最为艰辛。他们生活在狭小和幽闭的船舱中，吃的是腐烂的食物，填不饱肚子。他们还会生病、发生意外、遭遇船难等危险。船员还会受到严酷的管理制度的约束。他们拼了命地干活，但是工资很微薄，还经常被克扣。船员无法得到法律的保护，因为那个时代需要保证充足廉价的劳动力。商船船员们还必须应付皇家海军的征募。

奥古斯塔斯·厄尔创作的油画《海上生活》。刻画水手甲板下生活的作品很少，这幅画真实地反映了18世纪20年代一艘英国护卫舰上海军少尉在船舱活动的场景。商船上的生活更加拥挤，大部分空间被货物占据。

很多海盗曾经参加过海军，军舰上的生活也是很艰苦。海军的工资要比商船船员低，粮饷经常会被克扣。船上的纪律更加苛刻，受到的迫害也更加严重。一群船员拥挤在令人窒息的船舱里经常受到传染病的侵袭。有人开玩笑说军舰上是一群毫无战斗力的伤兵。

私掠船上的生活稍微好些：伙食充足，工资丰厚，工作时间短，船员可享受到更大的决策权。但是私掠船也不是快乐的。一些船长对待船员很严酷，就像军舰上一样，因此私掠船的船员经常怨声载道，甚至闹兵变。

当商船、海军和私掠船上的水手成为海盗后会做什么呢？他们如何维持生计？如何组织劳动、如何分赃以及如何获得权势？他们是否常年积累了足够的行船经

Story Of Pirate

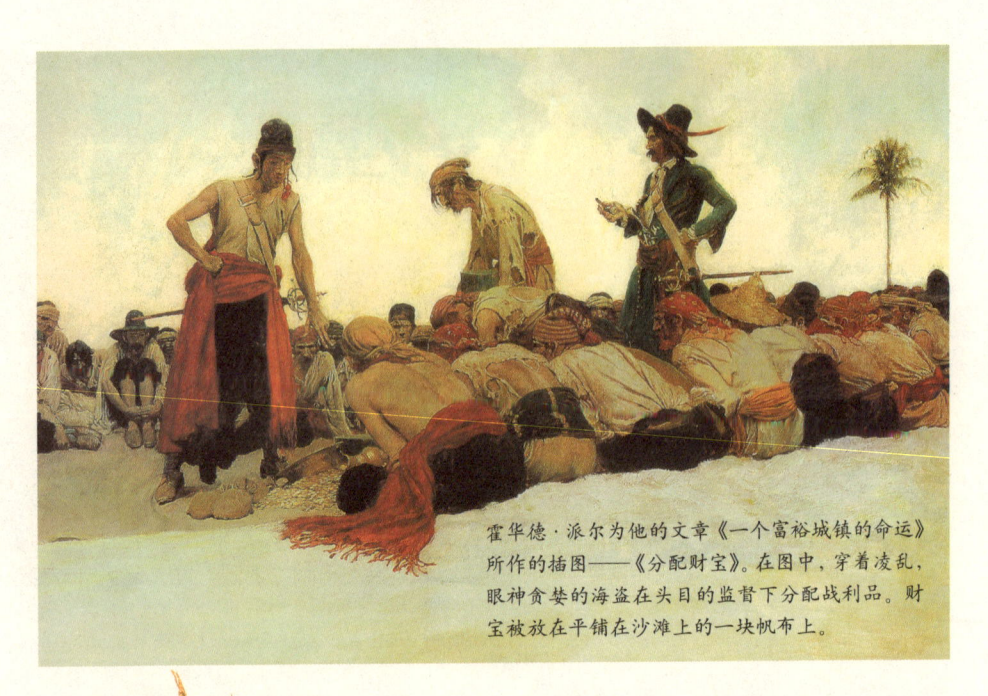

海盗的历史

霍华德·派尔为他的文章《一个富裕城镇的命运》所作的插图——《分配财宝》。在图中，穿着凌乱，眼神贪婪的海盗在头目的监督下分配战利品。财宝被放在平铺在沙滩上的一块帆布上。

验？这些贫穷而且没有受过教育的船员们有更美好的设想吗？让我们以海盗船的实际管理经验来了解"自由国度"。

九尾鞭是皇家海军中最残酷的刑具，直到1879年才被废除。这种鞭子尾部有九条绳索，会对人造成极大的伤害。海军规定没有海事法庭的允许，最多行刑不得超过12下，但是船长们无视这一规定，很多船员因此而被打得皮开肉绽。

颠覆性的社会

18世纪的海盗船，如"自由国度"是个颠覆性的社会，由规范海盗社会秩序的规约构成。海盗享有公正的权力，选举领导，平分战利品，有一套不同于现实社会的纪律。他们限制船长权力，抵制资本主义商船上的很多制度，保持一种多文化、多种族和多国籍的社会秩序。他们坚持船上的管理不能像商船和军舰上那样残酷。

在还未听说工人阶层有政治权利的时代,"自由国度"的海盗已经可以民主地选举领导。在战斗中,他们给予船长至上的权力,但是船长必须受到多数派的制约。船长没有特权:与船员同吃同住。而且,对于不能胜任自己职责的船长,多数派有权罢黜。那些胆敢滥用职权的船长有时会受到惩罚。大多数海盗曾经遭受过上司的虐待,因此对于这样的罪恶深恶痛绝。同样,军需官的权力也受到限制,必须经过民主选举,并能做到维护所有船员的利益。船上的每个船员具有民主权利,最高权力属于所有人。

科林斯的作品《抓壮丁》。在这幅图画中,一位海军军官领着一支抓壮丁的部队在伦敦港口附近抓壮丁。在战争期间,海军喜欢招募具有航海经验的渔民和商船水手。抓壮丁的部队会强行征募身体强壮的人加入军队。

在自由国度中,船员共同占有财产,战利品平均分配,废除了等级制度,人人平等。这种平等主义来自于重要的物质基础。海盗通过抢夺商船维持生计,抢夺的商船是大家共有的财产。他们废除了与资本主义积累挂钩的工资制度。海盗不是使用资本家的工具和大型机器获取工作的工资,而是把抢夺的船只作为财产,按照他们的共同承担的风险平均分配。

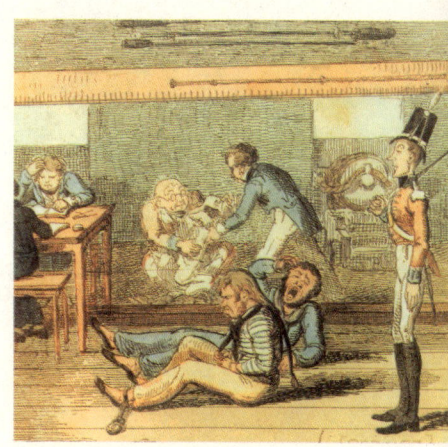

当海盗向那些虐待船员的商船船长和皇家海军军官复仇时,他们担当了民权和自由的保卫者以及富贵和权势反抗者。当海盗截获一艘船后,他们根据船长对待船员的行为维护正义。他们鞭打那些受到船员控诉的船长。海盗认为这样做是十分重要的。很多人当海盗的原因就是向残酷的商船船长和军舰军官复仇。海盗并不是不分青红皂白地惩罚船长。他们会奖励那些善待船员的船长,而坚决反对商船上的不公正行为。

酗酒被认为是一种恶习,船员喜欢登岸喝酒、找女人以及赌博。这种花天酒地的生活也引诱着很多人成为海盗。图中的两个喝醉的船员正要被穿红色军装的海军士兵押送到船上,以尽快恢复知觉准备出海。

1825年创作的版画。画中描绘的是一名英国水兵正遭到鞭打。所有的人见证了这个被绑在栅栏上的士兵受刑的过程。皇家海军的侍卫立正站立，左面站着军官和见习学员。这幅画叫《荣誉时刻》，真正的违法者正走向前解救蒙受不白之冤的同伴。

在"自由国度"，海盗们沉迷于他们分配到的战利品，一般是以食物和酒的形式。这也是大多数人成为海盗的关键因素。很多船员不想挨饿而揭竿而起。

海盗的生活就像过节一样，可以尽情地吃喝玩乐。有些人认为这样的生活不利于保证海上纪律。曾经饥肠辘辘的海盗们现在可以肆意地胡吃海喝，这也成为他们的习惯。海盗们可以享用到美酒佳肴，这也驱使他们进行海上冒险。

大西洋的海盗们努力保证他们的福利和安全。海上冒险充满危险，因此海盗们将一部分战利品拿来供养伤员。他们要给与这些失去"工作"能力的人充分的给养。

奴隶制

米松的乌托邦最显著的特点就是反对奴隶制。这其中有任何历史事实基础吗？答案是模糊的，甚至是否定的。很大一部分海盗曾经过从事奴隶贩卖业。当海盗进行劫掠时，贩奴船上的奴隶也成为他们的战利品。他们也会将奴隶进行贩卖，偶尔还会对奴隶施与暴行。

但是必须要注意到海盗成员中有很多非洲后裔。这些人分布在五湖四海，如"黑男爵"罗伯茨船上的黑人和白人的混血儿，黑胡子船长船上意志坚定的黑人西泽。他们当中有的成为海盗先锋，有的成为最嫡系的海盗成员。

几乎每艘海盗船上都能发现黑白混血儿和黑人的身影，这并不奇怪。黑人海盗可以说无所不在，他们成为很多商船的噩梦。甚至有报道说一伙黑白混血的海盗在加勒比海地区疯狂活动，还会吃掉被俘虏船长的心脏。

有些海盗是自由人，他们曾是有自由身份的水手，因无法忍受上司的不公对待以及沉重的工作而兵变。很多黑人及黑人奴隶因不能忍受约束而加入海盗，后者并不在意入伙人的肤色。黑人们喜欢海盗式的生活，这种生活意味着有更多食物和更大的自由。

这种物质和文化的接触非同平常。17世纪20年代，一群定居西非的海盗同擅

海盗经常报复那些他们认为残忍的船长，就像残害战俘和敌人一样并以此为乐。这幅插图名叫《海盗砍断巴布科克船长手臂》。这幅画描述的是两艘开往孟买的船被海盗劫持，一些船员有机会加入海盗，然后调转矛头指向自己的船长，对他实施迫害。

长航海的克鲁人通婚。海盗同马达加斯加当地人通婚生育黑肤色的混血儿。海盗、海员及非洲人之间的文化接触更加广泛,如海上的船歌同非洲歌曲很相似。更为好奇的是反叛者也像奴隶们那样举行拜图腾仪式。

尽管世人对黑人海盗的了解不多,但是我们可以确定,如果海盗不是自觉地像米松乌托邦那样攻击奴隶制度,他们也不会遵循大西洋沿岸社会中遵守的严格的种族逻辑。一些奴隶和自由的黑人看起来在海盗船上享受到相对的自由。黑人海盗的存在或许驱使《海盗简史》的作者设想到自由国度中对奴隶制度的评论。

鱼龙混杂的船员

在自由国度和大多数海盗船上,非洲人和非洲美洲混血儿只是海员中的一部分。海盗们来自不同的国家,不同的民族。多数海盗船上由不同国籍的海盗组成。海盗们在海上航行时,他们丢弃了国籍的概念,宣称自己"来自海上"。海盗们认为一

在19世纪《刑法》改革前,即使最小的违法行为也会受到极其严厉的惩罚。绞刑是向公众展示的,一些重要囚犯行刑不可避免地吸引大批公众围观。霍华德·派尔创作的这幅画描绘的是一名死刑犯被送往绞刑架。现在伦敦的大理石拱门的位置就是当时的绞刑场。

个人生在哪里并不重要，重要的是生活的快乐与否。这种独立主义逻辑导致了虚构"自由国度"的基础。

名叫安妮·邦尼和玛丽·里德的两名女海盗宣告了生活的另外一个乌托邦方面：女人也可以享受海盗们的自由生活。尽管18世纪女海盗很少，但是她们的故事被后人传唱。这些女"勇士"在大西洋国家中的工人中很受欢迎。在很多的正史或者野史记载中，安妮和玛丽两个女海盗勇敢的拿着武器战斗，成为海盗中有声望的人。她们摆脱了家庭、国家以及资产阶级传统力量的束缚，取得了通常只属于男人的自由，成为无恶不赦的海盗成员。

镇压自由国度战争

"自由国度"中的乌托邦式生活及社会秩序吸引了众多海盗加入，这也导致了外部力量的镇压。很多人担心海盗会建立一种无法匹敌的共和国。殖民地的大商人和官员担心"自由国度"的独立主义会在他们的地区蔓延。"自由国度"是统治阶级的噩梦。

很多殖民地的官员担心海盗的数量会成倍增加。事实上，随着船运行业工作条件的不断恶化，很多船员纷纷加入海盗。1716到1722年间，大批的船员成为海盗，因为海盗可以吃喝玩乐，享受到民主自由的生活。尽管海盗的生命不长久，但是却很快乐。

英国的统治阶级不愿意看到海盗们快乐的生活。尽管不久前统治者对海盗还是采取睁一只眼闭一只眼的策略，但是日益增长的海上贸易使他们发现海盗的存在影响到他们

霍华德·派尔创作的作品《兵变》中的船长，正在应付船员们不满的情绪。皇家海军中很少发生兵变，因为一旦兵变发生，当局会立即镇压，造反头目会立即被处死。

的商业利益。海盗成为破坏世界秩序的不和谐音符，极大地破坏了海上运输业。海盗的为非作歹激起了商人们的极大愤慨，政府开始严厉地打击海盗。在这一时期，刽子手成为最繁忙的工作，大批的海盗被处死。海盗们的"自由国度"之梦也因此被废止。

自由国度仍然继续

然而海盗梦是不会破灭的。只要有一群忠诚的拥护者，"自由国度"中表述的那些传统就能够得以延续。一些曾经在私掠船服役的海员在和平时期加入海盗行列。"牙买加规章"和海盗们的故事被流传下来。

除此之外，还有一些船员通过兵变而成为海盗，尽管受到的当局的镇压，但是"自由国度"流传下来的反抗思想没有被消灭。

在美国革命期间，成千上万被捕的水手被加上"海盗"和"叛徒"的罪名，并被关进英国监狱和监狱船。他们在狱中迅速地以"自由国度"的方式团结起来。这些水手自主地管理自己，坚信自由、公正和权利的信条，基于"平均主义"、"集体主义"等革命理想建立起一个社会。水手和海盗们曾经遵守的契约成为他们这个小社会中的宪法。他们一如既往地以民主的方式平均分配食物，建立自己的纪律。在监狱中最不安分守己的水手们也会义无反顾地遵守他们自己制定的"规矩"。

英国激进派作家托马斯·斯彭斯也构思和讨论了同海上乌托邦一样的秩序。斯彭斯的"勇敢新世界"来源于一个死去的人送给儿子的船。这个人强调这艘船是大家共同财产，在每次航行中会分到自己的那份利益。但是这些海上共和者厌倦了政府的压迫，决定前往美洲寻找根据平等原则治理的国家。但是他们在一个荒岛上遭遇船难，于是在那里建立起斯彭索尼亚共和国。

不久之后的1797年，一群震惊世界的英国反叛者以一种更为实质的方式建立起一种自由国度。他们罢黜了邪恶的军官，选举自己的代表，建立自己的委员会，制定自己的纪律，以及建立自己的民主。他们要求得到食物、健康和自由。他们采取了美国革命式的激进，一些人甚至要建立新的殖民地。

Story Of Pirate
海盗的历史

　　自由国度能够继续存在仅仅是因为成为海盗的水手们希望建立一种更好的世界，哪怕冒着死亡的代价。这种世界要比建立在商船、军舰以及私掠船的世界更加美好。他们以一种更为松散，更加自由的方式管理船只。他们不再担心衣食贫乏的生活，可以彻夜狂欢，以往剥削式的工资关系也变成共同的风险收益，生活更加健康安全。他们民主地选举官员，与商船和军舰上的独裁制度形成鲜明对比。很多海盗被送上绞刑架或者被打败，但是"自由国度"仍然存在。

吉布斯带着一伙海盗在埋藏财宝。查尔斯·吉布斯出生在罗德岛，是加勒比海地区的海盗。1831年，他被纽约法庭判处绞刑。这幅画中集中描绘的是非洲美洲混血海盗，海盗船上的成员来自不同国家和人种。

Story Of Pirate
海盗的历史

第七章
远洋海盗

你们必须知道现在我是船长，这是我的船舱，所以你们必须出去。我要向马达加斯加航行，夺取我自己的财富，所有勇敢的伙计们跟着我。

托马斯·图

1720年彼得·莫纳米创作的油画《清风中行驶的英国帆船》。这艘全副武装的帆船悬挂着东印度公司的旗帜，每年从印度和远东地区运回大批价值连城的货物。

Story Of Pirate
海盗的历史

当欧洲海盗忙着在西班牙的宝藏地劫掠时，地球另一侧的商船正在运输着更加具有诱惑力的货物。莫卧儿人和阿拉伯人的运宝船在印度洋上的古老的贸易航线上航行。很多是满载朝圣者和献礼的朝圣船只，从印度前往红海港口。

从16世纪早期开始，葡萄牙、荷兰、英国和法国的商船就开始忙碌于东印度、印度洋和地中海之间。大部分货物由统治印度的莫卧儿王朝的船队运输。莫卧儿王朝的船队总是满载着价值连城的宝物。

与此相比，17世纪末在加勒比海地区活动的海盗发现每年的收成越来越少。这些海盗已经在西印度群岛及西班牙势力范围内肆无忌惮地活动了两个世纪，可谓是无恶不作。到17世纪80年代，西班牙国王指派铁甲舰海上巡逻，这些盛产财富的地区很难被攻破。

随着英国农业殖民地的繁荣，它们开始向英国本土出口工业原料。因此大量货船满载的是农副产品。海盗迫于生计只得依靠劫掠这些货物维持生活。但是为之付出的代价却很高，因为刑罚的标准并没有降低。许多海盗也因为劫持这些曾经不屑一顾的农业货物被判重刑。

西班牙银质硬币。这种硬币在17和18世纪欧洲以外殖民地的商贸活动中使用最广泛。

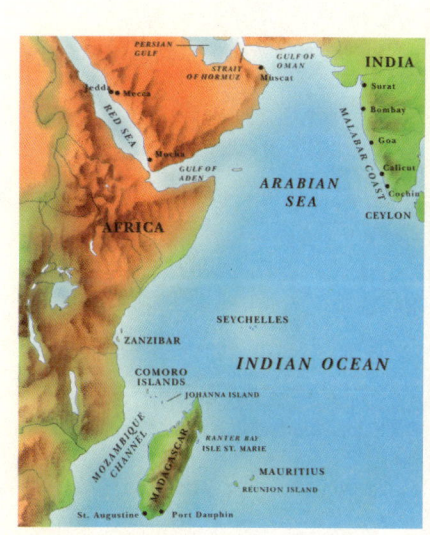

上图：印度洋地区的海图，上面标出的港口和岛屿是海盗们光顾的地方。马达加斯加是海盗袭击商船的基地。这个地区的商业航线具有悠久的历史，经常受到本土海盗侵扰，尤其是在阿拉伯湾和印度马拉巴尔海岸。然而，自从16世纪开始，东方航线的开通以及外来财富的运输吸引了其它地方的海盗。除此之外，美洲殖民地的发展也为海盗们销赃提供了广阔的市场。

新的机遇

在世纪之交，来往于红海和印度洋之间的货船运输的货物比新世界和欧洲航线之间的更加贵重。贪婪的海盗开始向东方活动，他们的活动线路延伸到马达斯加。大胆的海盗竟然涉足到印度洋和红海。海盗随风飘流，劫持财宝后贩卖到盎格鲁－美洲殖民地。

海盗们从违法交易中获得了大量财富。一个海盗的收入是一个普通船员的几百甚至几千倍。不过他们必须能幸运地在战斗和疾病中活下来才能享受到这笔财富。

一些臭名昭著的海盗船长，如罗伯茨等，不仅劫掠莫卧儿王朝和阿拉伯的船只，东印度公司运送奴隶、金粉和象牙的船只也成为他们的目标。他们把货物贩卖到北美殖民地，并在马达加斯加等岛屿发展了海盗港口。

冒险家们喜欢使用高桅帆船，并且选择最有经验的水手进行远洋海盗活动。最通常采取的是一种英国制造的短船壳、高桅帆的船。

尽管航行充满危险，但是回报相当可观。海盗一次航行赚的钱顶得上大金融家或地主两三年的收入，大部分航行结束后，每个人的净收入大约在2000英镑左右。

海盗们可以在远洋航行中获取数量令人瞠目的收入，因此东方海域成为了一个海盗磁石。

伟大莫卧儿王朝的财宝

印度洋地区的商业航线有着最悠久的历史，船只运送的货物也价值连城。因此海盗不断在这一海域出现。最早的海盗在公元前1600年已经出现，古代波斯人在底格里斯河口建立了反海盗的据点。红海海域的海盗活动猖獗，为此罗马帝国专门成立海上巡逻舰队对付海盗。同样在印度周边海域也受到海盗的严重侵袭，大批的财宝被海盗劫持。

当东印度公司在印度建立第一个商埠时，组织严密的海盗就已经存在。东印度公司的船只一直受到海盗的骚扰，尤其是孟买南岸的安格里恩海盗最为猖獗。安格里恩海盗中有一批来自欧洲的船长，任何愿意效力于他们组织的基督徒都可以加入。他们使用轻型的双桅帆船，通常几艘帆船一同夜间活动，行动十分诡秘。1707年，安格里恩海盗烧毁了东印度公司的反海盗护卫舰。

两个方面的原因导致了远洋海盗日益猖獗：一是莫卧儿王朝的日益衰落，其次

安德里斯·范艾特菲尔特的作品《荷兰东印度公司舰队返航》。画上描绘的是阿姆斯特丹万人空巷，居民们迎接第一支东印度公司远航商船队从远东归来。东印度公司建立于1602年，目的是保护荷兰在印度洋地区的商业利益，经过几个世纪发展，该公司成为垄断该地区的商业巨头。

是美洲殖民地对违法商品的巨大需求。印度莫卧儿王朝自建立以来，国力日趋达到鼎盛。一位参观过印度宫殿的法国珠宝商看了莫卧儿皇帝那价值连城的宝座后叹为观止。

这个珠宝商看了印度属国进贡给莫卧儿国王的财宝惊叹不已。莫卧儿皇帝是个暴君，印度教徒、虔诚的穆斯林教徒憎恶他的严酷统治以及沉重的苛捐杂税。常年不断的印度教徒起义和马拉地海盗的袭击大大削弱了莫卧儿舰队的实力，也瓦解了王朝的运输业，这也使得它无暇顾及外洋海盗的肆意活动。

1599年，印度莫卧儿王朝接待了约翰·米尔登霍尔先生。与此同时，欧洲列强们争相控制印度地区的贸易以及贵重产品的价格。应英国商人提出与印度直接通商的要求，伊丽莎白一世派遣米尔登霍尔一行前往印度同莫卧儿王朝谈判，以期获得商贸特权。最终，经皇家批准，东印度公司于1600年11月31日成立。

航海法案

在地球的另一端，从印度洋远航而归的海盗受到美洲殖民地的"接纳"和"宠爱"，这激起了英国的愤怒。英国本土的蔑视态度导致了殖民地对海盗采取宽容的策略，这一态度最终也导致了美国革命。主要的导火索就是英国制定的《航海法案》，强行规定殖民地只能同英国进行贸易。

殖民地苦于出口的货物价格低廉，而进口的货物却很昂贵，另外缴纳的税费很沉重，因此对于依靠贸易生存的北部殖民地同海盗间的贸易日趋成熟。每年海盗在纽约注入的现金和货物达到100万美元，阿拉伯和莫卧儿的硬币也成为该地的硬通货。

殖民地的官员和商人很高兴海盗船能为他们带回来金银珠宝。海盗们也对

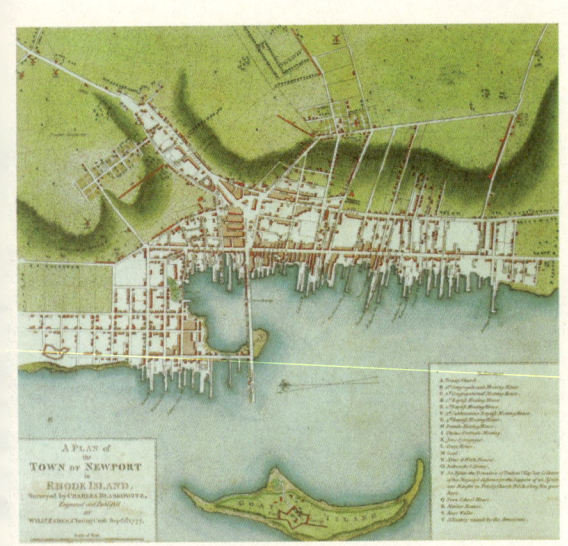

罗德岛新港镇的规划图。这个天然良港成为几伙海盗的基地，最著名的就是托马斯·图。城镇的很多商人准备投资从事印度洋海域海盗活动，在这个过程中很多家族富有起来。1696年，新英格兰的税务专员形容罗德岛为"海盗的避难所"。

在海上远眺港口苏拉。自1573年被莫卧儿人占领后，苏拉成为服装和金子的贸易出口中心，在1612年被英国人选为第一个通商商埠。

自己获得的巨额收入表示满意，就连加勒比海盗鼎盛时期也不及此。

远洋海盗们在纽约、费城及波士顿等港口交易。海盗的老巢罗德岛成为东方财宝的交易中心。英国政府看起来无力控制这种局面。殖民地的官员们同海盗们打成一片，海盗受到人们的拥戴，因为他们给殖民地带来了繁荣。

"一伙海盗"

殖民地居民公开为海盗的冒险活动提供资金，他们对海盗富有同情心。殖民地的官员同海盗的私交甚笃，经常同他们吃饭和收受贿赂。同海盗有交情的人在政治圈子中混得都很不错。

海盗们受到马萨诸塞总督威廉姆·菲利普斯的邀请。菲利普斯本人原先就是个冒险家，曾经被查理二世派遣到海地海域寻找西班牙运送财宝的沉船。找到财宝后，詹姆士二世得到两万英镑的分成，菲利普斯因此换得爵士爵位和一万六千英镑，最终坐上马萨诸塞这个大殖民地总督的宝座。在这个位置上，他通过做海盗中间人获取了大量财富。

殖民地的官员、商人以及海盗中间人与海盗同流合污，他们就是一伙海盗。政府的官员纵容海盗，因为他们能从中得到实惠。官员们公开接受贿赂，进行权钱交易。

城市的领导人和商人资助海盗冒险，给海盗修理船只，提供火药和其他补给。一些大商人建立专门销售海盗赃物的市场。通过担当海盗经纪人，一

纽约的菲利普斯家族通过海盗生意发迹。这个有名望的家族拥有一支家族舰队，常年前往马达加斯加以最大限度的利润进行贸易，并运回大量海盗战利品和奴隶。这封信摘自一个账目，记录了该家族与圣玛丽海盗交易的情况，现在被保存在伦敦公共档案馆。这封信提醒船长在航行中要注意安全。

Story Of Pirate
海盗的历史

远洋海盗的唯一目标是赚取巨额利益,获得奢侈的商品,贿赂官员和政客。纽约的总督弗莱彻(插图右侧正在同图谈话)公开招待图,并不顾忌图是个海盗,一个有诚实背景的航海者通过劫持莫卧儿王朝运宝船而成为国际海盗。在得到财富的同时,图也丢掉性命。

批人迅速成为大富豪。他们通过经营海盗劫掠的商品赚取大量的财富。

船长约翰逊的故事

船长查理·约翰逊在《大海盗头子简史》中记载了很多18世纪初期海盗简要的充满血腥的生涯,这本书于1724年在伦敦出版,成为世界的畅销书。经过多次改版,这本书仍然极具价值,里面详细记录了大量的史实。作者也在书中做了精彩的评论分析,对海盗话语的引用可谓是画龙点睛。

从私掠船长到远洋海盗

感谢约翰逊,我们才能够知道罗德岛的托马斯·图的成功如何激发了远洋海盗的狂热。图最终死于别人的枪口下,但是他的一生是从一个诚实的海员成为国际大海盗的活生生的例子。

图最早是"和睦"号的船长,为百慕大总督做事。这艘船是百慕大商人和官员共同所有,图买到了一部分所有权,并雇用了六十名老水手。他们的任务是帮

居住在东部海港如波士顿和新港的家庭喜欢来自用东方的宝物装饰。东方的漆器、丝绸、扇子和象牙雕刻深受欢迎。这件精美的象牙棋子来自中国,已经被染成红色。

助英国皇家非洲公司占领几内亚海岸上的一个法国口岸。但是执行任务前,图在甲板上向船员们训话,认为不值得参加这次行动。他认为所有的好处都会被这个强盗公司捞走,而他们一无所获。图建议船员们开辟一项能够赚大钱的差事,有一天可以衣锦还乡。船员们向图发誓,无论出生入死,他们都跟着图。

图率领"和睦"号经好望角进入红海。经数月航行,他们遇到了正驶往吉达的莫卧儿王朝运宝船队的旗舰。船上的人为了保命不战而降。船上的大量金银财宝以及弹药都落入图的手中。

图建议追捕剩余的船只,但是在军需官的反对下放弃了。图率船队向海盗基地马达加斯加航行。在那里他修理了"和睦"号,并平分了战利品。26个船员留在当地,剩下的人跟着图前往罗德岛的新港。只有几个教士像迎接英雄一样欢迎图的到来。

波士顿的商人向赶集一样抢购战利品。图在新港社交圈中忙忙碌碌,并受到了纽约总督弗莱彻的邀请。面对人们对于他同海盗交往的指责,弗莱彻狡辩说图是个很有魅力的人,在每天工作结束后同他交谈完全是为了放松。

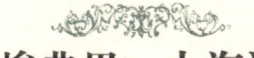

埃弗里:大海盗

图在新港停留了一段时间后重新起航。那时候,图在红海进行过多次航行。在一次袭击时,图受了重伤。在最后一次航行时,他投靠了大海盗埃弗里。

埃弗里是普利茅斯一家酒馆老板的儿子

亨利·埃弗里也是一个很有名气的海盗,因此他被人称为"大海盗"。他除了聚敛了巨额财富外,其声望来自于劫持过两艘莫卧儿王朝运宝船。这一事件在国际上引起反响,莫卧儿人得到这个消息后勃然大怒,对西方公司的合法贸易也产生了不利影响。这幅画描绘的是埃弗里和他劫持的莫卧儿商船。

（还有人称他来自一个大船主之家，同牙买加有着密切的贸易关系）。他被称为大海盗，同事们叫他"郎·本"。尽管都知道他名叫约翰·埃弗里，但是他签名却是亨利·埃弗里。他曾在海军和商船做水手，后来成为船长和奴隶贩子，最终成为一个海盗头子。

埃弗里受到巴哈马总督卡德瓦拉德·琼斯的保护，后来约翰被关进监狱时，曾受到他庇护的海盗投桃报李，将他解救出来。

郎·本是最具声望的海盗，他的故事也是人们日夜谈论的话题。1694年，埃弗里是私掠船"查理二世"号上的航海长，当时被西班牙雇用攻击法国走私船。当他们的船在驶往加勒比海的途中补给时，几个月没有拿到薪水的船员兵变，推选埃弗里成为船长。船被重新命名为"奇想"号，驶往印度洋。在途中，埃弗里又缴获了一艘满载战利品的法国海盗船，收编了船上的多数船员。

1695年初，埃弗里向所有的英国船长写了封信，这封信最终被送到伦敦。在信中，埃弗里向英国示好，表示不对英国的船只进行骚扰。

"珍宝"号

埃弗里向着穆哈港附近的红海入海口行驶。在等候穆哈港出港的舰队时，他与船长图率领的船队会合。不久，船长万特和其它三艘来自罗德岛的海盗船也加入他们，组成了一支强大的舰队，由埃弗里指挥。但是他们只截获了两艘穆哈港的船只。这两艘船属于苏拉最富有的商人所有。船长图在交战中中弹身亡。

海盗们发现两艘船都满载着价值连城的财宝，尤其是较大的一艘船"珍宝"号所装载的财宝更是无与伦比。这艘船上的乘客大都是高贵的穆斯林人，包括很多贵妇人，他们刚从麦加拜谒完毕后返回家乡。海盗残酷地迫害乘客，特别是妇女，很多人因无法忍受折磨而自杀。

当他们返回马达加斯加的海盗基地时，大批的赃物等着他们进行分配。这些赃物包括数量不菲的金银珠宝，其中包括一套进贡给莫卧儿皇帝的黄金马具。四百个海盗每人能分得超过一千多枚珠宝。十八岁以下的海盗每人分得500枚珠宝（抵得上一个海员一辈子的收入），十四岁以下的孩子每人分得100枚珠宝，足够他们用来学习正当手艺。

愤怒的莫卧儿王朝纵容了苏拉和阿格拉发生的暴乱,一名英国人在暴乱中被石头砸死。68名东印度公司驻守苏拉的官员被关押一年,直到该公司补偿全部损失。埃弗里的舰队也解散,分别前往马达加斯加、波斯湾和埃塞俄比亚。50名"奇想"号船员选择留在团聚岛生活。

横跨大西洋

埃弗里横跨大西洋,在维京岛的圣托马斯登陆。岛上的商人们在自己的商店里摆满了高档的印度编织品、珠宝和其它海盗劫持的奢侈品。加勒比海成为一个国际商贸中心。

总督琼斯离任后,他的继任者总督特罗特也是一个海盗保护者。他向埃弗里表示欢迎,埃弗里也向他赠送了价值连城的货物、象牙和货币以表示效忠。特罗特很遗憾地表示自己无法给他签发赦免令。埃弗里为了一张赦免令向牙买加总督提供了巨额贿赂。但遭到了拒绝,因为他的事迹引起了世界的关注。"奇想"号的船员们逐渐在殖民地定居,并且获得了赦免。不久后又重操旧业,做起了海盗。

宾夕法尼亚总督马卡姆也同海盗同流合污。通过为海盗提供保护伞,他获取了大量好处。除此之外,他还打压和恐吓那些打击海盗的人。

1696年6月,埃弗里的一些水手乘小帆船在爱尔兰梅澳郡登陆。海盗们在买马时引起当地人怀疑,并被扣留。大部分登岸的水手被抓捕。

埃弗里从未被逮捕过,他驾船前往爱尔兰后就消失了。无论他的结局如何,大海盗的传奇还在继续,鼓励着无数追随者前往东方海域冒险。

"驶往马达加斯加!"

远洋海盗需要安全的基地进行补给。海盗们奔波在海上,需要一个地点进行集

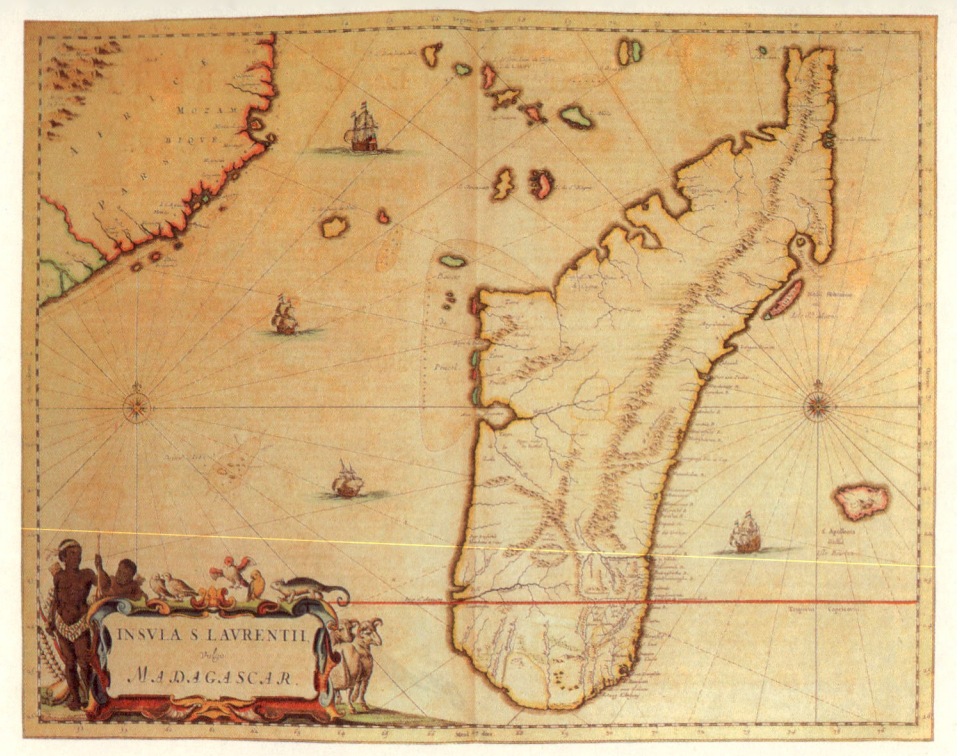

一幅精美地图中标注的马达加斯加"海盗岛",选自琼·布劳编纂的《大地图册》,该地图册1662—1665年间在阿姆斯特丹印制,共十一卷本。这个岛是理想的基地,因为这里能够控制印度到欧洲的贸易航线。这里还是天然良港,远离政府控制。图上可以看到圣玛丽岛,因聚岛被注为波旁岛。

结。这个地点不能离活动区域很远,还要是个天高皇帝远的地方。最初海盗们的基地位于红海口,但是很快被马达加斯加代替。

这里可以把印度洋和红海列入打击范围,因此这个美丽的岛屿成为远洋海盗的窝点。岛上物产丰富,淡水充足,是个天然良港。马达加斯加成为海盗们的乐园。

整个岛屿地形复杂,山林覆盖,原始部落之间常年征战,因此海盗很轻易地为自己开创了一片地盘,帮助酋长征战和接收奴隶罪犯。

亚当·鲍德里奇

自称为"海盗之王"的亚当·鲍德里奇是牙买加人,曾经做过加勒比海盗。他是个农场主的儿子,受过良好教育,因杀人畏罪逃亡。逃亡到圣玛丽岛后,他建立了一个大石头城堡。城堡里有很多仓库，里面存放着海盗们的战利品，鲍德里奇当起了纽约企业家、奴隶贩子和海盗中间人弗雷德里克·菲利普斯的代理人。

鲍德里奇保存着一份航海日志，记录了远洋海盗的活动情况。鲍德里奇同海盗们进行交易，获得大量珠宝、弹药等劫掠品。

鲍德里奇还是当地部落的统治者，得到了很多贡品。他用这些贡品与海盗们交换战利品，除此之外还会直接卖给海盗弹药、航海设备以及其他补给。17世纪90年代，鲍德里奇向殖民地贩卖海盗劫掠的商品，获利巨大。

基德船长："淡而无味的海盗"

跟随埃弗里前往东方海域的冒险者当中，最出名的是船长威廉姆·基德。有一件事情使基德的一生富有传奇色彩，名扬千里；但这也使他成为最不幸的人。如果他满足于纽约的体面生活，他的名字也许早已被人遗忘。但是他也不会落得掉脑袋的下场。从他的海盗生涯中我们可以判定，他优柔寡断、做事中庸，是个不能审时度势的海盗。

基德是个长老会成员的儿子，出生在苏格兰。他起初担任私掠船船长，在西印度洋群岛活动。后来他的手下罗伯特·库利福德带领船员发动兵变，基德只能独自在安提瓜岛流浪。经历这次羞辱后，他前往纽约，并且和一位美

《站在冒险船甲板上的船长基德》，这幅画是由霍华德·派尔创作的插图。基德被描绘成一个令人讨厌的角色。事实上，基德成为海盗完全出于偶然，他陷入一场伦敦人、纽约人、和印度人之间的政治游戏中，并成为人质。他是弗莱彻总督的继任者爱尔兰贵族贝拉蒙特伯爵手下的一名水手，从此为这伙海盗服务。这伙海盗的背后支持者是资深的辉格党成员和纽约金融家。基德有双重任务：公开的任务是担任私掠船的船长，劫持法国船只；秘密任务是作为中间商劫持海盗船以及抢劫他们的战利品。

丽富有的寡妇结婚。凭借妻子的帮助，基德很快成为纽约城有名望的商人。

基德的任务

尽管生活惬意，但基德还是怀念海上生活。他为了能够重新担任私掠船船长，不惜前往伦敦游说。为了保护海上贸易的秩序和商人利益不受海盗侵袭，国王威廉姆三世在东印度公司的施压之下要加强海上巡逻，解决官员受贿问题。国王任命贝拉蒙特伯爵代替弗莱彻担任新英格兰总督，并且要消灭北美的海盗。

基德因为支持贝拉蒙特而被任命为一艘私掠船的船长，他的任务就是抓捕猖狂活动的海盗。其实这次航行更重要的目的是为赞助的股东们谋取

戈弗雷·内勒先生为爱德华·拉塞尔海军司令创作的画像。他是秘密辉格党成员，背后支持基德的远征，当事情败露时，拉塞尔和他的贵族同伙们立即与这次航行摆脱干系。

威廉·基德私掠船的任务从1695年12月11日开始。这封印有威廉三世画像的任命书由他本人签发，任命基德为私掠船"冒险"号的船长，有权在印度洋上劫持任何法国船只。毫无疑问，这封任命书使得基德认为他的海盗行为是合法的，这也解释了为什么他后来一直认为自己是无辜的。但是，这些所谓的辩护材料后来都被否认，他以前的朋友们要么同他划清界线，要么对他采取敌对态度。基德被判处谋杀和海盗罪，他最终申诉道："审判太严厉，我是最无辜的人，我受到了伪证的诅咒。"他的申诉被证明是徒劳的。

1701年3月在议会上被传讯的基德。基德是英国历史上唯一一个在议会受到传讯的海盗。难以理解的是，他没有求助和牵连他的辉格党支持者们，托利党没有得到任何可以对辉格党进行政治攻击的信息。相反，基德坚持自己和其他参与者的清白。或许这是一种愚忠行为或者是两年监禁的影响。最终的结果是他丧失了为自己辩护的关键证据，只能在法庭上进行交互审问，因此最终被判有罪也不足为奇了。

利益，大多数股东是在野党辉格党中的重要成员，此外国王威廉也有分成。基德自己拿出一部分钱对"冒险"号进行了大修。

没有掠夺就没有报酬

　　基德满怀希望地带着精心挑选的船员和国王的使命向纽约进发。他知道战利品中没有他的份。起锚后，因为基德未能向一艘皇家军舰敬礼，因此一伙抓壮丁的部队登上他的船，带走了很多精干的船员。他不得不重新招募了一群水手，但这次都是些乌合之众。这是个不祥的开始。到达纽约后，他又招募了一些船员，以确保他们当中没有一个当过马达加斯加海盗。

　　1696年9月，"冒险"号向印度洋进发，目标直指马达加斯加岛的海盗巢穴。在途中，很多人死于霍乱和坏血病。船员们军心不稳，开始嘀咕着宁愿去当海盗。基德中途雇佣了五十个老练的水手。在他优柔寡断的指挥下，"冒险"号驶进了热带水域。几个月时间一晃而过，但是没有任何猎物出现。船员们变得难以驯服，基德不得不默许他们劫持一条摩尔人的商船。

　　时间一天天过去，所有努力付之东流。一艘被他们抢劫过的阿拉伯商船向东印

"冒险"号，1695

1696年4月，船长基德离开伦敦向印度洋航行，开始了劫掠航行。五年后，他因谋杀和海盗罪被绞死。他的船是一艘武装货船，重287吨，船名为"冒险"号。这艘船于1695年在泰晤士河边的一家船厂制造，与同时代的很多船相类似，她装有划桨口和长桨（长桨用于风平浪静时候的航行）。船上装备有34门炮，船员152人，航行速度和威力比得上皇家海军任何一艘小型军舰。

当时大部分的海盗船都比基德的船小，很少有类似大小或者更大的船只。黑胡子船长的"安妮女王"号也只有不到40门炮。黑人萨姆·贝拉米的船"维达"号原来是个贩奴船，只有不到30门炮。威尔士海盗罗伯茨的船中最大的是"皇家财富"号，曾是一艘法国战舰，装备有42门炮。

1 "冒险"号船长的船舱
2 平静海域航行使用的长桨
3 尾灯
4 操控船只的后甲板
5 后桅
6 用于起锚的绞盘，每次起锚大约需要一个小时
7 主桅杆
8 用于通风和采光的主舱口
9 水桶
10 备用帆
11 绳索
12 轮值钟
13 前桅杆
14 战斗塔
15 备用滑轮和齿轮
16 前部护栏
17 锚，重3000磅（1,361公斤）
18 船首斜桅

度公司的官员报告说,有英国海盗在海上活动。在果阿附近,两艘葡萄牙军舰攻击了"冒险"号,基德的船受到重创,船上的绳索和船壳都受到不同程度的损坏。

基德的受到重创的船在空旷的大海上缓慢前行,就像一名行将入土的病人。船上的食物和水已经腐臭,船员们度日如年。在印度洋的海角附近,船员们发现了英国船只"皇家船长"号。然而基德不同意劫持这艘船,这遭到炮手威廉·摩尔的嘲笑。两人发生争斗,基德将摩尔杀死。

"冒险"号船底严重漏水,船员不得不日夜不分地轮班抽水。船壳只能用绳索绑住,以防止完全裂开。一年时间已经过去,但是他们还没看见财富的影子。虽然劫持到了一些诸如棉花、石蜡和钢铁一类的货物,但是这些东西根本不能提升船员的士气。

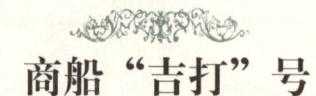

商船"吉打"号

1698年2月,"冒险"号遇到了他们梦寐以求的"猎物"。"吉打"号商船正在马拉巴尔海岸低速航行,船上装载着价值71万英镑的货物。基德率领所有水手轻易地劫持了这艘船。船长是个英国人,船员是穆斯林教徒,但是通行证是法国东印度公司颁发的,因此基德声称这是合法的战利品。船员们蜂拥冲进满载着金银财宝的船舱,几个月的穷困潦

派尔创作的插图,描绘了正埋藏财宝的基德。据说基德把部分财宝埋在纽约附近的加尔迪内岛,但是传闻约翰·加尔迪内把11袋金银交给了贝拉蒙特勋爵。"吉打"号的船主索要这些财宝,但是他们未能在三年时间内向海事法庭提交书面资料。在此案结束后,剩余财宝进行拍卖得到的6472英镑被用来建造格林尼治医院。

倒烟消云散。基德带领"吉打"号前往圣玛丽。

命运就是这样奇怪地发生扭转。当时港口停靠的唯一一艘船是被罗伯特·库利福德劫持的东印度公司护卫舰"穆哈"号。这个罗伯特·库利福德当初兵变劫持了基德的船后成为海盗。基德得知后决定劫掠港口里的这些海盗和他们的船只。

基德的船员此时已经心猿意马，无视基德的领导权，不愿向海盗开火。基德不得不卖掉一些战利品分配给船员，这个决定也使他在后来的审判中付出了惨重的代价。拿到分赃后，大部分船员逃到库利福德那里，基德只剩下十八名水手、一艘破船和漫长的回乡路。他都无法确定占据上风的库利福德能否让他离开。

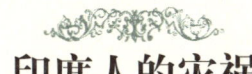

印度人的灾祸

经过五个月的航行，基德穿越好望角。他丢弃了"冒险"号，率领"吉打"号前往加勒比海。同时在伦敦，针对基德的政治危机也正在形成。托利党就基德在辉格党支持下在印度洋胡作非为大做文章。辉格党政府为摆脱干系，将基德称为是个十恶不赦的海盗。最后他们把基德从皇家赦免的海盗人员名单上剔除，并命令西印度群岛地区的殖民地政府抓捕基德。

基德没有意识到他是"印度人的灾难"。当听说自己被认为是无恶不赦的海盗后，他仍然坚信自己会免受任何起诉。但是所有人纷纷同基德划清界限，基德成了人人喊打的逃犯。

他不得不前往纽约求助于贝拉蒙特。因为"吉打"号在军舰面前根本不堪一击，基德只能隐秘地航行。"吉打"号上的一部分金银财宝被他转移到自己的帆船上，剩余的则被藏匿起来。

基德和船员坐着那艘小帆船向长岛前进。贝拉蒙特为了把基德引诱到波士顿而给他写了封欢迎信。基德在前往波士顿之前向总督夫人赠送了一个宝盒。同时还卖掉了"吉打"号上的货物。

在波士顿，基德试图同贝拉蒙特总督谈判。他又向他的妻子行贿了数量不菲的财宝。贝拉蒙特让妻子送回这些贿赂，并拒绝同基德私自会面。基德最终被捕入狱，他分得的财宝也被查封。贝拉蒙特派出船队寻找基德埋藏的财宝，最终发现了埋藏地点。后来贝拉蒙特写信给伦敦要求拿到三分之一的财宝。整个1699年冬季，基德被关押在波士顿一个潮湿的监狱中。第二年春天他被押送到英国时，议会和公众的热情被基德事件点燃。

蹒跚地投入魔鬼怀抱

这种情况下，威廉·基德根本没有机会逃脱罪责，他成为托利党和辉格党的替罪羊。在四次审判中，他无法证明自己的清白，他所有的日志都被烧毁，许可证也交还给了贝拉蒙特。所有有利的证据都消失了，基德被判处绞刑。

威廉·基德这个荣誉纽约公民要像罪恶的囚犯一样被绞死。1701年5月23日，他被押送到刑场，身上穿着黑色囚衣，脖子上已经被套上绳索。

一位有同情心的狱官给基德喝了点酒，带着醉意的基德可以麻木地走上黄泉路。基德被绞死后，尸体被涂上焦油，绑上铁条，挂在泰晤士河口一个绞刑架上示众多年。

其他一同接受审判的人只有一人被判刑，其他人都被无罪释放。有两人贿赂了狱官，驾船前往美洲。基德的财产被皇家政府没收。财宝拍卖后得到6472美元。

女王安妮同意把钱交给格林尼治医院院长。国家海事博物馆现在占据着那个医院的一部分，因此它的建筑也是得益于海盗财宝。

酒醉的基德被带到刑场。按照传统，手执海事法庭标志性银棒（最左边图）的执行官走在押送队伍最前面。一大群人跟着押送队伍，还有很多人在路旁围观。绞刑执行之后，基德的尸体被拴在柱子上，直到被泰晤士河的潮水在尸体上涨退三次。浮肿的尸体外面要铺上一层焦油，悬挂在绞刑架示众。飞鸟肆意地把尸体琢成骨头。

对基德的审判对其他海盗起到了很好的威慑作用，也极大平息了莫卧儿人的愤怒。这幅画描绘了1660年东印度公司船厂的景象，船厂内停靠着正在建造和修理的船只。

弗兰克·斯库诺弗的作品，画中的私掠船船员正在攻击一艘印度商船。

远洋海盗复苏

基德的劫掠发生在远洋海盗末期，海盗活动最终在各国政府共同镇压下的被剿灭。同时莫卧儿王朝的统治也在衰落。马达加斯加的海盗、流亡者以及游民沦落到穷困的地步，受到当地人的蔑视。

海盗行为并没有完全消亡。大约经历了二十年沉寂后，远洋海盗开始死灰复燃，马达加斯加又重新兴隆起来。1718年后，海盗头子，如克里斯托夫·孔登特、爱德华·英格兰、豪厄尔·戴维斯和约翰·泰勒横空出世，北美的水域危险重重。

朴茨茅斯人孔登特劫持了一艘满载金银珠宝的阿拉伯船只，每个船员分得三千英镑。船上大量的丝绸和金丝棉布被遗弃在沙滩上。孔登特和他的船员后来想洗手不干，并得到了法国的赦免。孔登特的水手定居在团聚岛上，而他自己则娶了总督的妻妹，成为一名富有的船主。

爱尔兰人英格兰

爱德华·英格兰和约翰·泰勒是两个新普罗旺斯的资深海盗，两个人性格完全不同。"胜利"号船长泰勒生性暴戾；而"幻想"号船长英格兰生性温和。他们联合起来共同从事海盗劫掠。

一次他俩遇到了两艘英国商船，海盗将麦克雷船长的船团团围住，但是遭到他的顽强抵抗。在孤助无援的情况下，麦克雷的船被迫搁浅。

英格兰不顾泰勒的反对，坚持释放麦克雷和剩余的船员以及一半货物。麦克雷和他的人航行了七天才到达孟买，大多数人死于饥渴。麦克雷受到英雄般的问候，很快被提升为马德拉斯总督。

英格兰的遭遇不太好。他和一些手下因为善待麦克雷而被罢黜。他们被放在一艘小船上漂流到马达加斯加，英格兰沦落为乞丐，不久后死去。

剩下的人由泰勒带领继续疯狂的海盗活动，从阿拉伯商船到东印度公司船只，折磨和杀害所有抵抗的船员。

爱德华·英格兰是东印度公司和其他在印度洋上航行船只的仇敌。具有讽刺意味的是，他因为太仁慈而被船员罢黜，穷困潦倒的在马达加斯加岛结束了自己的生命。

泰勒一夜暴富

1721年4月，"卡珊德拉"号船长泰勒同"胜利"号船长奥利弗·拉布什联合。两艘船载着两百名残酷的杀手进入德波旁岛的圣丹尼斯港口。他们所发现的东西远远超出了他们的想象。一艘在风暴中折断桅杆的葡萄牙军用商船停泊在港口中，船上不仅装载着大批东方的奢侈品，还有令人垂涎的珠宝。其中有一部分货物是属于退休的果阿总督路易斯·德梅内塞斯的。

梅内塞斯疯狂地保卫这支武装力量单薄的船只。他一直战斗到手中的刀折断才投降。泰勒很佩服他的勇气，准备归还他的财产。但是总督拒绝了他的建议，要求同其他战俘共患难。愚昧的海盗们把梅内塞斯收藏的东方手稿撕碎做炮塞。

德波旁岛总督支付赎金换取了梅内塞斯的自由。海盗们将打劫到的战利品进行分赃，每个海盗都分得价值不菲的财宝。

远洋海盗的结束

还有许多人追随海盗在印度洋、红海、波斯湾以及非洲沿岸劫持船只。但是海盗的肆意行为注定不会长久。曾经利用海盗打击西班牙的国家已经取得了世界领导权，放肆的海盗成为这些国家共同的威胁。英国为打击海盗建立起殖民地海事法庭并且通过了反海盗法案。此外皇家海军摧毁了毛里求斯和团聚岛上的海盗据点。法国海军对付波斯湾海盗，荷兰保护红海的穆哈船队安全。

这些欧洲强国的迟到的合作消灭了除东部海域之外的所有海盗。1721年末，大多数英国和美洲海盗洗手不干，返回西印度群岛，或者前往几内亚海岸。在塞拉利昂海角，活跃着的远洋海盗们仍然肆意活动，劫持满载金子、奴隶和象牙的商船。

Story Of Pirate
海盗的历史

第八章
法国和美国的私掠船

私掠船是一种由商人武装的船只,专门执行海军布置的军事任务,如海上巡逻、袭击、烧毁以及骚扰敌人船只。

海事大辞典,1780

弗兰克·斯库诺弗的作品《他们冲进月夜》。这是为拉尔夫·D·佩因著作《76个私掠船长——革命的故事》所作插图。

Story Of Pirate
海盗的历史

从1690到1865年,商业冲突引起的战争大都是海战,这个时代的海盗船和私掠船是完全不同的。主权国家授权的私掠船许可证构成了非法活动和合法活动之间的一条模糊的分界线。但是到底是合法还是非法常常是旁观者清。

自中世纪起,君主会征募私掠船加入海军从事商业作战(攻击商船)。报复性掠夺授权则允许船主们和船长们劫持敌人船只和财产来弥补海战中受到的损失。私掠船劫掠许可对劫掠财产的数量没有限制,但是拥有报复性掠夺授权的个人只能劫掠与个人所受损失和弥补损失所需的相等价值的财物。得到上面任何一个授权的船只都被称为私掠船。

这种任命的目的是为他们在战争中的行为披上合法外衣。私掠船劫掠增加了船主们的财产,政府拿到授权费和税金,同时打击了敌人。如果私掠船遵照法律行动,那么这种制度有利于每个人。事实上,私掠船难以控制,一旦摆脱官方监督,他们的抢劫便肆意起来。他们还会劫掠中立国和友好国的船只。

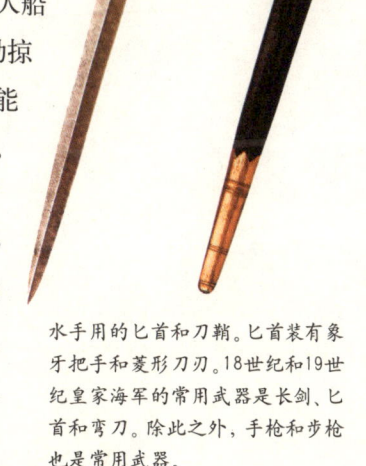

水手用的匕首和刀鞘。匕首装有象牙把手和菱形刀刃。18世纪和19世纪皇家海军的常用武器是长剑、匕首和弯刀。除此之外,手枪和步枪也是常用武器。

新世界

16世纪,海盗和私掠船遍布整个新世界。当英国、法国、西班牙、葡萄牙和荷兰等国混战时,西印度群岛成为海上商船袭击者经常出没的地方。欧洲列强们签订和平协议时并没有顾及到殖

看似勇猛的私掠船在劫掠船只。
约翰·斯库诺弗创作的这幅插图摘自1923年7月的《美国男孩》杂志上拉尔夫·D·佩因的文章《私掠船76——革命的故事》。

Story Of Pirate
海盗的历史

敦刻尔克私掠船头领让·巴尔特的版画像。敦刻尔克是16和17世纪海盗和走私贸易的中心。巴尔特出身卑微,最后成为法国海军的准将,并被国王路易十四封为贵族。他是荷兰船队的灾难,并且袭击了英国的东北海岸。他曾经被英国抓捕,但是最后成功地逃回法国。

民地居民的利益。这样一来,私掠船就变成海盗,继续从事劫掠。

弗朗西斯·德雷克袭击西班牙船队是伊丽莎白一世时期(1558—1603)英国私掠船的一个缩影。一个世纪后,法国私掠船在同英国和荷兰的战争中达到顶峰。英法两国签订的《怀特霍尔宫条约》,同意在新世界中两国的敌对不应被看作是欧洲发生战争的原因。

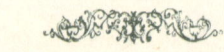

巴尔特和迪盖特鲁安

在战争中,法国比英国更加依赖私掠船,因为它的海军力量比较弱小。法国两个最伟大的海军英雄,让·巴尔特和勒内·迪盖特鲁安在进入海军之前都是私掠船船长。巴尔特出生于海盗和走私贸易中心——敦刻尔克。他很小就开始航海,后来进入荷兰海军服役。英法同荷兰暴发战争后,他回到法国。因为不是贵族,他没有权力担任法国海军的军官,因此巴尔特成为了私掠船的船长。由于指挥有方,他的私掠船战绩辉煌,很快便成为敦刻尔克地区私掠船的头领,并且最终成为法国海军的代理官员。

1688年,法国同荷兰再次开战,这次荷兰同英国成为盟军。巴尔特立即投入战斗中,指挥一支包含军舰和私掠船的混合舰队。1691年,他劫持了若干英国商船和两艘护航的英国军舰。1692年,巴尔特率领三艘护卫舰击败了一支护卫舰队。1694年,路易斯十四表彰了巴尔特的功绩,加封他为贵族。英格兰和荷兰为保护船运航线封锁了敦刻尔克港口,但是巴尔特成功地溜出封锁圈,率领舰队偷袭了荷兰港口,打败荷兰海军。因为这次胜利他被提升为准将。一年后,《里斯维克条约》签订,战争结束。巴尔特在下次战争开始前去世,未能有机会指挥大型舰队作战。他的死去是法国的巨大损失,作为一个商船袭击者,没有人超过他。

在取代西班牙的战争中,法国政府将袭击商船制定为战争策略,从而代替纯粹的海战。伟大的勒内·迪盖特鲁安就是在这个时代出现的。同巴尔特一样,他出身卑微,十六岁就成为水手,两年后独自指挥一艘私掠船。国王路易十四出租一些军舰给从事海上劫掠的个人投资者。作为一名私掠船的指挥官,迪盖特鲁安被派往加的斯。

途中法国舰队遭到袭击,迪盖特鲁安在战斗中起到了领导作用。作为奖励,国王委任他为海军护卫舰舰长。迪盖特鲁安在后来的多次作战及其劫掠行动中获得胜利,在法国海战史上留下了辉煌的战绩。最终他被提升为舰队司令。1713年的《乌德勒支和约》宣告了战争结束。迪盖特鲁安继续在海军服役,1728年他被提升为中将。他晚年在地中海东部保护法国商业航线,死于1736年。他是法国最伟大的海军将领之一,只有半世纪后的巴利·叙弗朗可以和他相提并论。

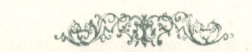

私掠船的伟大时代

1713年后的和平年代改变了海上私掠船的战争。英、法等国建立起严密的官僚体制控制它们的王国和殖民地。同时随着科技进步和航海经验积累,大西洋不再是个障碍。北美经济的增长刺激了本土与殖民地的交流。最终各国建立起庞大的舰队保护商业运输。18世纪中叶,西方的海盗时代已经成为历史。

但是私掠船时代并没有结束,1739年战争的爆发标志着北美私掠船伟大时代的开始。在18世纪中叶殖民地战争期间,个人拥有和操纵

1709年3月4日伦敦战利品办公室发布的文件,记录了伊格尔船长缴获的战利品。所有的私掠船要向该办公室报告战利品的详细情况,由该办公室评估战利品价值。

Story Of Pirate
海盗的历史

的船只袭击商业运输舰队的事情屡见不鲜。在美法战争期间，私掠船对美国经济的发展起到了关键作用。由于海军力量薄弱，美国政府鼓励私掠船为政权服务。

当美洲的 13 个殖民地反抗英国统治时，13 个殖民地颁布了自己的法律，包括了对私掠船的规定。18世纪当英国参战时，君主命令海军部负责审批殖民地总督颁布的私掠船许可证。新的规定要求俘获者必须将战利品送交海事法庭，由海事法庭确定被俘获的船只是否属于敌国，以及是否是合法的战利品。法庭还负责监督战利品的销售和私掠船成员们的酬金分配。在英

大约1750年间，一艘英国的私掠船同一艘法国的私掠船交火，这幅插图由塞缪尔·斯科特创作。通过这幅插图，我们可以很清楚地了解到这个时代私掠船的大小和外形。几十年之后的1793年，法国革命激发了民众的爱国主义热情和革命热忱。在向英国宣战之后，法国制宪会议宣布，"私掠船必须握紧手中的武器，消灭这些傲慢的岛民。"

1748年，英国攻击路易斯伯格，法国在此建立坚固的防御工事以控制通往圣劳伦斯河的航道。在18世纪初期，这里成为私掠船攻击新英格兰渔船的基地。1745年，英国攻击过该据点；1758年海军司令博斯科恩包围这里，占领城镇，缴获或烧毁了港口内的所有船只。

国，最高法庭负责这一过程，但是 1689 年之后，法庭将这一权力交给殖民地的总督。法国也采取了一套类似的制度，美国的各个州和大陆会议也效仿英国的方式。

乔治王战争

美国的做法吸收了 1739 到 1763 年间英国同西班牙、法国作战的经验。第一场战争在欧洲大陆被称为奥地利王室继承战争，英国称为詹金斯的耳朵战争，美国称为乔治王战争。战争的导火索源于一个叫做罗伯特·詹金斯的商船船长在英国议会宣称西班牙殖民地残酷的对待被指控非法经商的外国人（包括他自己也被割掉耳朵）。在英国的抗议下，西班牙同意对英国船主和水手进行赔偿。但是在西班牙迟迟不履行承诺前提下，乔治二世授权美洲殖民地的总督颁布私掠船许可证，劫掠、逮捕以及抢夺西班牙的船只。

在英国和西班牙战争期间，法国也卷入了同英国的战争。因此法国及其殖民地的船只也成为英、美私掠船攻击的目标。议会还专门通过了《战利品法案》管理和约束私掠船。从此美洲出现了大量私掠船，水手们在高薪的诱惑下纷纷入伙。美洲殖民地的一些城市成了私掠船的据点。

西班牙和法国国王也颁布了私掠船许可证，抓捕英国和美洲殖民地的船只。法国的路易斯伯格成了私掠船的巢穴，专门劫掠英国渔船。在战争期间，大批的殖民地居民参加了私掠船。1748 年的《艾克斯拉沙佩勒条约》结束了这场八年的混战。大约十分之一的英国船只

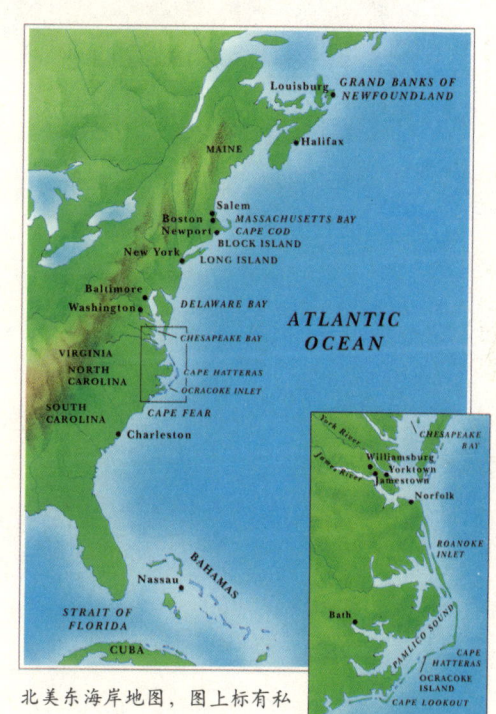

北美东海岸地图，图上标有私掠船停泊的主要港口。由于海岸线漫长，很难防范私掠船。北部的大海岸是天然捕鱼场，也是英国商船航运的要道；南部的加勒比海地区也是私掠船和海盗经常出没的地方。

19世纪的法国版画，描绘了法国私掠船攻击一艘荷兰商船的情景。袭击者登上受害船后展开了激烈的肉搏战。法国的私掠船以敦克尔克、拉罗谢尔和南特为据点活动，具有悠久的历史，他们与英国是不共戴天的死敌。由于法国和美国都信奉人的自由权利，他们将英国视为这一信条的违背者。

成为法国私掠船的受害者。而英国皇家海军将大部分法国运输船只封锁在港口内。

1754年起，盎格鲁和法国在印度和北美展开争夺，这也导致了私掠船的重新兴起。1758年到1760年之间，尽管英国占领了美洲的路易斯伯格、马丁尼克以及多米尼加等法国私掠船基地，但是对大西洋另一侧的私掠船活动毫无办法。

独立战争

1763年，英国战胜法国。但是其压迫性的殖民地政策导致了美洲殖民地反抗其统治，宣布独立。这个新成立的国家两面临海，为了保证海上运输线的安全亟需建立海军。因此大陆会议和11个州建立了海军。但是这些力量不足以对抗英国皇家海军，并保护本国商业运输。但是多数殖民地领导者认为美国海上的损失可以由英国的战利品补偿，英国的商人为了自己的利益会迫使政府接受美国独立。因此，殖民地采取攻击商船的策略来对付英国人。

1775年10月，议会投票决定武装两艘军舰并建立海军委员会。11月1日，马塞诸萨州最高法院成为第一个批准私掠船的美国州政府，并且建立了三个海军部法庭，裁决涉及被捕船只的案件。大陆议会立法规定只允许抓捕战舰、运输船和补给

18世纪波士顿码头区景象。波士顿和罗德岛的新港是两个主要的私掠船据点,这里的私掠船专门游弋于新英格兰海岸和大海岸,劫掠渔船和商船。波士顿是个重要的海港城市,并且还是革命活动的中心以及商人和海盗进行赃物交易的中心。

船,民用船只除外。但是随着其他州通过或讨论了私掠船的立法,大陆议会将抓捕的范围扩大到所有英国的船只。

私掠船劫掠也引起了争议。批评家认为私掠船抽走了大批水手、海军储备以及民用船只技工。大陆议会和州政府只能保留三分之二的军舰劫掠收益;而私自装备的船只可以保留所有劫掠的收益,因此从事私掠船行当利润可观。私掠船上纪律松散,船长对水手私吞战利品不闻不问,甚至公开参与分

约翰·保罗·琼斯手持战刀站在甲板上。他生于苏格兰,但是1776年英国向美洲13个殖民地宣战时,他加入起义军。他多次攻击英国海军和商船。

赃，而不是等待漫长的法庭程序后再索取。除此之外，私掠船专门从事劫掠，从来不进行运输以及其他商业活动。很多水手认为私掠船上工作比起参加大陆海军要安全，因为后者要与皇家海军交战。为了防止以上行为的发生，政府常常对私掠船采取禁运措施，让政府军舰获得了足够的人手和设备之后，才装备私掠船出航。

政府不会完全禁止私掠船，因为私掠船可以截获政府无法控制资源。此外也给生意受到战争影响的船主们一个生财之道。为了防止私掠船泛滥，议会规定：根据船只大小，私掠船船长需要交纳数目不等的合同金，并且提出警告，任何滥用武力从事谋杀、折磨俘虏和偷袭船只的行为将受到惩罚。袭击商船不仅为美国人带来了需要的货物，也迫使英国分散兵力，阻止了皇家海军对美国船运和海岸线的攻击。

美国的船主和水手思考问题不会具有如此战略性。尽管大多数声称出于爱国动机，但利润才是最大的诱惑。在战争期间，数以万计的船只加入到私掠船的行列。

海军司令和群袭

大多数新英格兰的私掠船出没在大海岸地区，专门劫持渔船和来往于英国和其殖民地之间的商船。大型的私掠船更喜欢在加勒比海岸活动，尽管航程较远，但是战利品丰厚。英国官方对这群劫掠者做出反应。英国驻美洲海军司令莫利纽克斯·舒德曼书面建议海军部使用武装船只进行运输。但是情况没有好转。

随即海军部建立起护航制度。船只在朴次茅斯港或都柏林集结后，由战舰护航穿越大西洋。但是一些船会掉队而成为私掠船的目标。英国大批的船只丢失或者下落不明，而私掠船还在

1800年左右使用的海军战刀。这是标准的用于甲板近战的武器。尽管登上敌人甲板肉搏不再是个常用策略，而且热兵器更加有效，但皇家海军的战刀训练一直持续到1901年。到19世纪中叶，伦敦的威尔金森还在制造能够砍断皮带和胸甲的刀刃。

肆意的活动，这也代表了美国海上实力在逐渐加强。

随着战争的推移，投资私掠船的人不断增加，议会批准的任命也不断增加。大多数私掠船许可证颁发给美国船只，也有少部分外国船只，如法国私掠船。

战争期间，各个州也颁发私掠船许可证。马塞诸萨州颁发的许可证占到各个州总数量的三分之一，很多海岸一线居住的居民在许可证颁发之前就迫不及待地驾船出海。

各个州颁发的许可证数量惊人，私掠船劫掠的战利品也与日俱增。

欧洲的美国人

美国的私掠船也把战火烧到了英国本土。

帆船"霍克"号是最早沿大西洋航行的私掠船之一。1776年10月，它在进入西班牙毕尔巴鄂港之前劫掠了五艘英国船只。随后其它私掠船频繁的攻击英国船队。英国海军部不得不派出军舰巡逻，保护本国商船。1778年英、法两国正式开战并没有改善英国运输船的处境。大量的美国私掠船横行于欧洲的海域。在巨大的利益驱动下，法国的私掠船也从美国驻法国的外交官那里得到私掠船许可证，劫掠英国船只。在美国革命期间，敦刻尔克这个曾经的私掠船据点又重新繁荣起来，商人们纷纷武装船只，有一些私掠船还悬挂着美国国旗。

本杰明·富兰克林还授权一部分私掠船专门抓捕英国水手，从而交换被俘的美国水手。但是他的解救计划并不成功。1778年船长约翰·保罗·琼斯俘获了英国海军"德雷克"号的全部船员。琼斯押送着俘虏前往法国交换英国俘虏的美国

法国雕刻家乌东创作的约翰·保罗·琼斯船长的半身像。他反抗英国的行为使他成为美国的海军英雄，被议会授予金质奖章。同样他也是法国人的钟爱，法国国王封他为爵士。

Story Of Pirate
海盗的历史

多米尼克·塞尔创作的《美国舰队毁灭》。1779年8月14日，一支英国舰队袭击了缅因州一个海湾中停泊的美国舰队。这是英国海军在美国革命战争中取得的为数不多的一次胜利。

犯人。但是计划流产，所有俘虏被迫移交给法国政府用来交换英国关押的法国俘虏。

到1779年，大约五百名美国水手被关押在英国监狱，他们期待着早日被交换回国。为此，富兰克林签发了多个私掠船许可证给法国的商人，私掠船俘获的俘虏交给他，用以交换被俘的美国水手。

富兰克林从来没有考虑过这样做的结果如何，但是毫无疑问这些私掠船激怒了英国。英国将这迁怒于约翰·保罗·琼斯，不仅因为他是在苏格兰出生，而且他多次在苏格兰和英格兰登陆进行劫掠。约翰被称为海盗，或者更仁慈点说是私掠船船长，但是他从来没有做过海盗，也不是私掠船船长，这种术语只不过是英国海军用于称谓大陆海军和各个州海军船只以及指挥官。根据

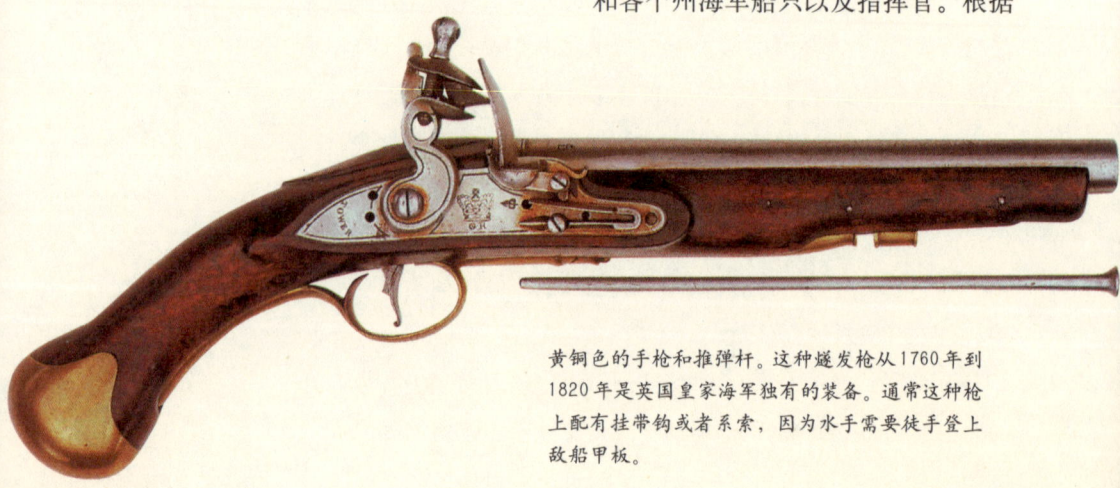

黄铜色的手枪和推弹杆。这种燧发枪从1760年到1820年是英国皇家海军独有的装备。通常这种枪上配有挂带钩或者系索，因为水手需要徒手登上敌船甲板。

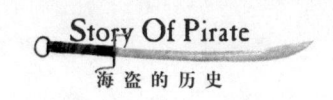

《国际法》规定，只有主权国家才能建立海军或者颁发私掠船许可证，因此美国人被称为私掠船船长并非海军军官，也不意味着承认美国十三州是独立的；相反，它表示英国海军不情愿给与美国的船只及水手作为一支海军力量所应得的尊重。

美国的支撑

美国的商船袭击者们在加勒比海的活动几乎将英国的商业运输完全瓦解。美国佬比其他国家更加熟悉西印度群岛水域，而且距离起义的殖民地很近。

1776年7月，大陆议会派遣威廉·宾厄姆带着空白的私掠船许可证前往马提尼克岛。在法国的纵容下，他建立了一个海事法庭裁决悬挂美国国旗的私掠船送到该岛上的战利品。英国发现在马提尼克岛上私掠船已经到了泛滥的地步，尽管皇家海军抓捕了一些，但是远不足以保护英国船只。

英国为了报复美、法的私掠船，也颁发了本国的私掠船许可证，从而补偿自己的损失。很难计算私掠船对美国革命最终结果又怎样的影响。在战争期间，美国和英国都相互劫掠了相当数目的船只。因此美国没有依靠私掠船赢得战争，但是私掠船却给英国航运业带来了重大影响；它逼迫英国海军部分散兵力，派遣军舰护航以及在北大西洋和加勒比海海域巡逻；它为美国船主和船员们提供了就业机会。私掠船劫掠的物资为美国人提供了给养，造成了英国的损失，同时提高了美国军民的士气。

英法战争

1793年美国革命结束后，和平再次被英法战争打破。英国单方面限制中立船只运输权，将粮食列为禁运品。1972年法国粮食歉收。英国想方设法要掐断这个死敌的粮食来源。因此，英国和俄国签署协议禁止法国从任何国家进口粮食。

法国的盟友们和大多数希望增加中立权利的中立国谴责英俄条约。为保护商业，法国领导人提出不限制渔业和废除私掠船制度的政策。

在战争的初期，法国没有调用 1778 年签署的《法美联盟》条约请求美国协助保护她在西半球的势力。相反，法国仅仅对美国商人开放了她的加勒比海岛屿，如果法国通往这些岛屿的航线时被英国封锁，法国希望美国船只为其提供补给。

英国立即做出反应，授权皇家海军执行 1756 年颁布的规章"和平时期的非法贸易在战争期间也属于非法行为"。当英国开始抓捕载有法国货物的美国船只时，法国开始颁发私掠船许可证。1793 年 4 月 8 日，法国驻美国新任公使向美国船只颁发私掠船许可证，美国的私掠船开始劫掠英国的船只。但是这一行为遭到了美国的官方抗议，这违背了美国政府的中立原则，因此他们禁止了美国港口的私掠船。

这一行为激怒了法国官方，特别是美国和英国签署《杰伊协约》后，法国更加感到恐慌。很清楚美国准备追随英国的商业规则，法国立即签署法令，称法国将以英国的方式对待中立国。在随后六个月中，法国海军在加勒比海地区抓捕了三百多艘美国船只。

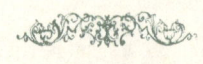

准战争

法国的私掠船开始在美国海岸活动，也迫使约翰·亚当政府一面向法国派遣外交人员谈判，一面加紧重新建立美国海军。早在 1785 年，议会就卖掉了最后一艘大陆海军军舰。1788 年，各个州放弃建立海军的权力。十年来美国没有任何海军力量。1798 年 7 月 1 日，新建美国海军被授予的第一个任务就是清除美国海域中的法国私掠船。这期间在历史上称为准战争。

当法国私掠船被赶出美国海域后，加勒比海成为美国海军的主战场。到 1799 年，法国私掠船不再对美国航运构成威胁。导致这一结果的一个关键因素在于瓜德罗普岛总督维克托·于格被召回法国。巴黎的官员认为他未能依照法国的法律控制私掠船，而且鼓励并且自己参与海盗性质的非法活动。他的离任导致了法国在美洲地区的巨大损失。法国私掠船只能在南美海域活动，但是这里不是美国贸易范围。美国和英国海军完全牵制了法国在这一地区的活动，直到 1800 年于格担任卡宴总督才得以好转。

乔治·罗普斯描绘的1806年塞伦的克劳宁希尔德码头景象。这个码头位于马萨诸塞州的港口中,有很多私掠船停泊在这里。在革命战争时期,这个码头贡献了大批水手和船只。1812战争时,该码头重新活跃起来,同时这里也是进行东方贸易的重要港口。图中停泊的船只是著名的私掠船"美国"号、"名誉"号、"普吕当"号以及"贝利索里"号。"美国"号是最为成功的私掠船。

罗伯特·叙尔库夫的私人战争

在1800年左右的二十年间,很少有美国船只在印度洋航行,但是英国商船来往频繁。大多数法国港口被英国封锁,因此很多法国私掠船驶往印度洋。罗伯特·叙尔库夫就是其中一位有名的私掠船船长。他很小就当水手,在非洲和毛里求斯之间运送奴隶。后来当上贩奴船的船长。法国宣布奴隶贸易非法化之后,他放弃了贩奴,转向私掠船行当。叙尔库夫的船在没有拿到私掠许可证的情况下还是劫掠了很多艘英国船只。毛里求斯总督以没有劫掠许可证为由没收了他的战利品,他决定回国改变这一决定。回程途中,他航行了两年时间,中途劫持了数艘英国船只。叙尔库夫回到巴黎后摇身变为一个富人,享受了一段时间的和平生活。当1803年战争再次爆发时,拿破仑为他在法国海军中安排了职位,但

罗伯特·叙尔库夫指挥帆船袭击商船"希望"号。叙尔库夫在印度洋从事私掠船行当长达十年。依托法属毛里求斯岛的基地，他向英国船只实施多次攻击，缴获大批的战利品，包括东印度公司的武装商船"肯特"号。为此东印度公司悬赏250万法郎逮捕他。一位英国战俘曾经责难法国为利益作战而英国为荣誉作战，叙尔库夫则回答："这证明我们双方为各自不拥有的东西作战。"

他更喜欢从事私掠船行当。1807年，叙尔库夫建造了自己的私掠船"幽灵"号，并驾驶它成功地进行了两次远航。再后来，叙尔库夫不再亲自航行，而是资助他以前的副手进行私掠船航行。自从1805年法国海军大败全军覆灭后，叙尔库夫因为攻击英国航运而备受爱戴。拿破仑封他为男爵。

1812年战争

美国和法国之间的和平状态导致美国私掠船绝迹了10年，但是美国还在遭受损失。英法两国仍然处于交战中，双方都在破坏对方的海上贸易。

特拉法尔加战役之后，法国舰队几乎全军覆灭，拿破仑进攻英伦诸岛的计划破灭。因此法国建立了大陆体系从经济上将英国排除在欧洲之外。英国采取海上封锁策略阻止中立国与欧洲大陆的贸易。作为最大的中立贸易伙伴，美国受到的影响最大，美国的贸易再次成为英法军舰和私掠船的受害者。为弥补经济损失和平息民众哀怨，美国政府对美国港口的贸易采取禁运政策，从而迫使欧洲认识到中立的海事权利。禁运政策以及后来的不接触政策未能达到预期效果。在外交努力失败之后，美国在1812年6月18日向英国宣战。

1812年战争比起美国同法国之间的准战争更加有名，因为美国要面对的是拥有强大海上力量的敌人。毫无疑问，私掠船业参与了这场战争。在宣战后不久，议院立法鼓励和规定私掠船行为。船主们和商人对此已经期待已久，纷纷的改装和武装船只。

在战争开始的几个月中，任何可以装备一门火炮的船只都可以劫掠到英国商船。这些商船没有保护，也没有武装，因为皇家海军已经在海上扫平了法国。美国的小型私掠船活动在西印度群岛海域、新斯科舍和纽芬兰海岸以及圣劳伦斯河河口。

美国佬号发了大财

很多小型私掠船取得了令人瞩目的成功。尽管私掠船能够带来巨大的收益，但是也会导致巨大的损失。尤其对于将所有的钱投到一艘私掠船的人，损失就更大。

英国对美国的攻击迅速做出反应。从战争开始到结束的短短两个月中，英国海军截获或击毁了几十艘私掠船，有一些船是在港湾中受到攻击的。

大型船只进行武装、配备给养和人员的周期较长，因此直到1812年秋天才开始有大型武装私船出没。最著名的私掠船是"美国"号，前后四次航行共劫掠了价值六十万美元的战利品。

"美国佬"号也有辉煌的战绩。自从1812年7月中旬使用后，"美国佬"号在前往新斯科舍的途中与英国私掠船"皇家慷慨号"相遇。

在经过几个回合交火后，英国船的帆和绳索被击断，"美国佬"号可以越过船首攻击船舷，迫使敌人投降。"美国佬"号又劫掠了其他船只后回港。10月，"美国佬"号前往非洲海岸，劫掠了大量金银珠宝、象牙以及干货后返回罗德岛。随后它又进行了几次航行，但是劫掠的战利品都不如以前丰厚。"美国佬"号总共劫持的战利品价值500万美元。

英国的反击

很少有船只取得像"美国"号以及"美国佬"号这样的战绩。尽管加勒比海中英国商船来来往往，但是船主们已经习惯于受到攻击，因此学会了如何更好的自我保护。1812年战争开始后，加勒比海中的美国私掠船到处横行，英国商船组成4到6艘船左右大小的编队对付美国袭击者。

1813年1月13日，英国海军少将乔治·科伯恩率领舰队前往美国封锁切萨皮克和特拉华海湾。不久封锁圈扩大到纽约到卡罗来那一线的港口，最后通往长岛的路线也被封锁。新英格兰的私掠船很难突围出海。美国命令军舰实行牵制策略，专门攻击英国商船。但是很少有船能突围出英舰的包围圈实施这一战略。

科伯恩的舰队成功地封锁了港口，遏制了美国私掠船的活动。在战争期间，巴尔的摩的私掠船活动最为活跃，数量上超过任何其它美国港口，截获的战利品也最多。

可以说，巴尔的摩的私掠船成为英国扼杀美国海上贸易的唯一挑战和障碍。但是巴尔的摩私掠船也遭受了巨大损失，很多船只在海上失踪。同时在战争后期，巴尔的摩也成为敌人攻击的主要目标。1814年夏天，欧洲处于和平时期，拿破仑四月已经退位，美国私掠船成为英国在海上的唯一威胁。

1814年的夏末，一艘美国私掠船同一支英国舰队交火，双方损失惨重，成为历史上最重要的事件之一。当时私掠船"阿姆斯特朗"号在船长里德的率领下穿越大西洋，途中遭遇英国海军一支舰队的大规模袭击。里德率船英勇奋战，英军损失惨重，里德也不得不凿沉自己的船上岸逃跑。

从战略上讲，英国的损失要更加惨重。同"阿姆斯特朗"号交火的英军舰队本来参与袭击新奥尔良行动。经过交战后，这支舰队不得不延迟一周时间处理伤亡人员。这次延误给了美军充分的防御准备时间，导致了英军攻打新奥尔良战役的失败。

让·拉菲特

让·拉菲特是这个时期最具传奇色彩和争议的人物之一。他于1782年生于海地的太子港。当海地黑人暴乱驱逐法国人时,他和哥哥皮埃尔前往新奥尔良居住。在经营了一段时间的铁匠铺生意后,拉菲特兄弟开始倒卖走私货和奴隶。1811年,让·拉菲特已经成为巴拉塔里亚湾当地商业的巨头。1803到1810年期间,英国占领了法国的岛屿殖民地,大批法国私掠船依托巴拉塔里亚湾攻击英国运输线。其它拥有喀他赫纳(今天的哥伦比亚)私掠船许可证的巴拉塔里亚人劫掠西班牙商船。数以千计的人从事私掠船行当,但是让·拉菲特不亲自指挥船,而是建立和经营大商店,通过水路转移非法货物,拍卖劫掠的奴隶和商品,逃避美国的关税。在法律人士眼中,他就是个海盗头子。

1812年美国对英国宣战后,六名新奥尔良居民取得私掠船许可证,但是只有一艘船取得了成功。此外英国军舰在附近海域游弋,巴拉塔里亚人更喜欢劫掠西班牙船只。1812年9月,让·拉菲特因走私罪被关押,但是第二年夏天他被保释后逃走。路易斯安那总督悬赏500美元抓拿让·拉菲特,但是他针锋相对,拿出5000美元悬赏将总督押送到巴拉塔里亚。

同时,英美战争达到高潮,英国准备进攻纽约州、切萨皮克和海湾海岸线。1814年9月3日,英国海军特使向拉菲特许诺,如果他能协助英国作战,将会得到3万美元、一个英军的任命,以及过去所有犯罪将被特赦。

让·拉菲特将这些情况传达给美国官方,但是大多数人认为这是拉菲特的一个诡计,目的是让政府取消对非法居住地的攻击。随后拉菲特的据点受到美国舰队的攻击,大批水手被捕。拉菲特幸运地逃跑,但是被捕的水手被送往新奥尔良,并被判处海盗罪。

很快情报证实了拉菲特的信息。新奥尔良慌乱地准备抵抗,路易斯安那总督接受了拉菲特的帮助。拉菲特的一部分手下同英军在水上交战,大部分在城市外围的炮兵营作战。拉菲特和巴拉塔里亚人为美军提供了当地的地图;大炮和炮弹;火药、燧石等需要的作战物资。1815年1月8日，巴黎塔里亚人帮助政府军队打败英军，总统也因此特赦了他们以前的犯罪活动。

尽管拿到了特赦令，但拉菲特还是继续以前的非法活动。他在得克萨斯的一个岛上建立据点，悬挂着各国的旗帜劫掠西班牙商船。他们为所欲为，攻击来往的任何船只，取得的战利品不经过法庭裁决，也不缴纳任何税金。美国政府派出舰队扫掉了这个海盗据点，拉菲特从此销声匿迹。十年后，他化名为约翰·拉夫兰在查尔斯顿再次出现。此后一直到他死去，他从事了很多不同的工作。让·拉菲特过了二十年最为风光的生活，干过私掠船行当，倒卖过海盗抢劫的赃物。还参加过战争，被封为爱国者。他是个生活在不太宽容时代中的浪漫人物。私掠船的伟大时代将近结束。

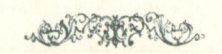

最后的岁月

海盗们自称，私掠船继续在西印度群岛游弋了十年。这个地区人烟稀少、政府控制力差、以及财富巨大，吸引了大批商业袭击者，很多人自弗兰西斯·德雷克船长时代起就从事非法劫掠。1810年到1825年间的拉美独立战争为海盗们提供了生存的温床。半数以上的革命政府颁布私掠船许可证，有些政府向任意国籍的个人和从不在本国港口停泊的船只颁发私掠船许可证。

1823年，一家巴尔的摩的报纸估计自1812

1807年，在印度洋上，拉菲特登上东印度公司货船"女王"号。这幅插图选自1837年波士顿出版的《海盗自己的故事》。海地出生的拉菲特一生具有传奇色彩，先后当过私掠船船长、走私犯、奴隶贩子和海盗。这幅插图的真实性值得怀疑，因为拉菲特只在新奥尔良和墨西哥湾一带活动。

Story Of Pirate
海盗的历史

弗兰克·斯库诺弗创作的插图让·拉菲特,选自1911年12月《哈珀月刊》中的文章《让·拉夫特的出没》。拉菲特常年活动在新奥尔良南部的巴拉塔里亚海湾岛屿之间,那里是他的巢穴,周围布满湖泊和海湾。

年战争结束后,大约发生了3000起攻击商船事件。

很多私掠船海盗活动时甚至没有一艘海船。成伙的人坐在无甲板的船上静候商船驶近,随后竭尽全力地划船靠近,登上船只抢劫。古巴、海地和波多黎各的小海湾为他们提供了良好的掩护,哈瓦那和其它港口的商人为他们销赃。西印度洋的海盗通过折磨被俘船员的手段抢藏匿在船上的劫金银珠宝。当美国建立西印度群岛巡逻队时,这群海盗开始采取谋杀手段掩盖自己的罪行。到18世纪20年代后期,美国和英国海军的打击以及拉美独立战争的结束最终控制了加勒比的所有海盗。

美国政策

加勒比地区打着私掠船旗号为非作歹的犯罪激起了民众的愤怒,导致了舆论反对私人武装船只。19世纪世界相对和平，西部水域的安全通道，包括大西洋、地中海和加勒比地区，任何国家的船只都有权通过。工业革命、自由贸易、蒸汽船航行以及跨海电缆的广泛前景是海洋战争无法阻止的。1856年，外交家们签署了《巴黎宣言》，宣布私掠船的非法化，严紧了合法封锁的条件，接受了航运自由和货物自由的原则，因此货物上标有运输船只的国籍，同时也规定中立国的船只不得受到交战国的劫持。七个欧洲国家签署了此协议，四十四个国家接受其条款，但是美国、西班牙、墨西哥以及委内瑞拉等海军力量薄弱的国家拒绝签署。

美国拒绝签署是因为1812年战争的教训，当时大部分私掠船是它唯一的海上力量存在。战争期间美国私掠船取得了巨大的成功。

美国的决策者们认为私掠船在美国海军战略中起到了极其重要的作用，因此拒绝签署这个协议。但是不久他们便对自己的决定后悔，美国内战爆发后叛乱的南方第一个行动就是颁布私掠船许可证。

1861年邦联私掠船

在萨姆特要塞投降后六天，邦联总统杰弗逊·戴维斯回应总统亚伯拉罕·林肯号召志愿者迫使南方诸州重返联邦的讲话，发布了自己的宣言。宣言中提出颁布私掠船许可证。同时邦联总统戴维斯召集邦联议会进行特别会议，制定管理私掠船的规章。联邦政府拒绝邦联政府的法律存在，将任何在其支持下劫掠美国财产的人视为海盗。同时照会英国政府要求对方执行《伦敦宣言》，但是遭到拒绝。

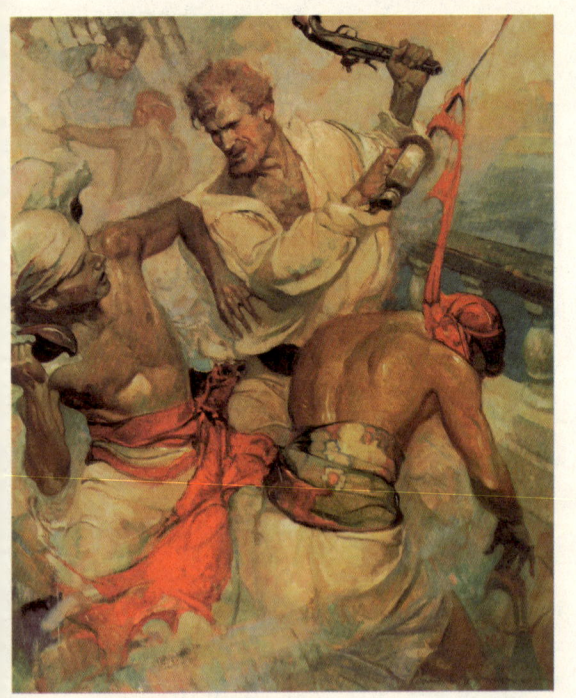

弗兰克·斯库诺弗创作的另一幅有趣的作品，创作与1921年，名叫《海盗水域的一艘北方船》。画中一名美国水手受到当地海盗的攻击，正在利用枪托作武器在甲板上进行近战。19世纪初期，加勒比海是个危险的地方，海盗们无法无天地攻击商船。

19世纪中叶的南卡罗莱纳德查尔斯顿。这是个具有悠久历史的港口,海盗和私掠船也曾在此活动:受到过黑胡子攻击,这里也处决过很多海盗,这也是私掠船的停泊地,美国内战期间攻击萨姆特要塞就是从这里开始。直到1865年联邦政府才收复此地。

邦联政府的私掠船动员得到了几个集团的响应。大批私人船只被改装为私掠船。其中"马纳萨斯"号成为世界上第一艘蒸汽动力的私掠船。新奥尔良的居民建造了"先驱"号潜艇,所有的船只都是被迫征用。

东海岸的北方船只成为哈特拉斯角私掠船的受害者。邦联使用灯塔进行监视,北卡罗来那海军的一半船只藏在岛屿之中等待猎物出现。然而攻击没有能够持续多久,联邦海军攻占了哈特拉斯角的港口,邦联政府失去了最好的一处商船攻击基地,也留给联邦海军一处利于进行封锁这一海域的港口,这里被称为"大西洋十字路口"。

尽管在南方被尊为爱国者,但是却受到北方的斥责。为了阻止人们加入私掠船,联邦政府将被捕的私掠船船员按照海盗对待。任何被捕的私掠船被关进监狱,并判处海盗罪。

到1862年,大部分南方人更加愿意偷越封锁线,也

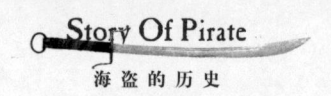

不愿意进行私掠船劫掠。躲避联邦巡洋舰比起交战更加安全,其利益也不少。私掠船的数量急剧减少,随着最后一艘私掠船被出售,邦联私掠船劫掠结束。

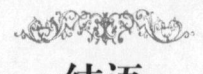

结语

　　邦联政府的港口被占领,海域被封锁,向南方运输战利品越来越困难。尽管还有很多商船袭击者活动,但是大部分是邦联海军的船只,不是私掠船。邦联海军的船只向美国商船以及捕鲸船征收沉重的通行费,迫使很多船主更换船籍。联邦政府的经济受到邦联袭击的严重影响,但是并没有影响战争的结果。

　　战争的结束也标志着长达几个世纪的政府授权私人战船历史的结束。1871年,普鲁士试图采取更改的私掠船形式,但是战争在这一制度实施前就已经结束。最终,1907年,第二届海牙国际和平会议同意所有的船只,无论类型如何,必须受到独立政府的完全控制,由政府机构派遣的官员指挥。

　　在20世纪,海军弱小的国家诉诸于商业船只的袭击,比如美国在太平洋的活动,但是使用的是海军水面舰艇、潜艇和飞机。而存在了几个世纪的私掠船已经过时。在全面战争时代,现代政府利用税收和征募的资源,而不是财政收入。私掠船已经不需要,也不合时宜。它的近亲海盗还在一些地方存在,集中在东印度群岛和南中国海,现代的解放运动利用恐怖主义而不是私掠船进行袭击。

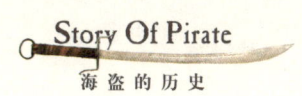

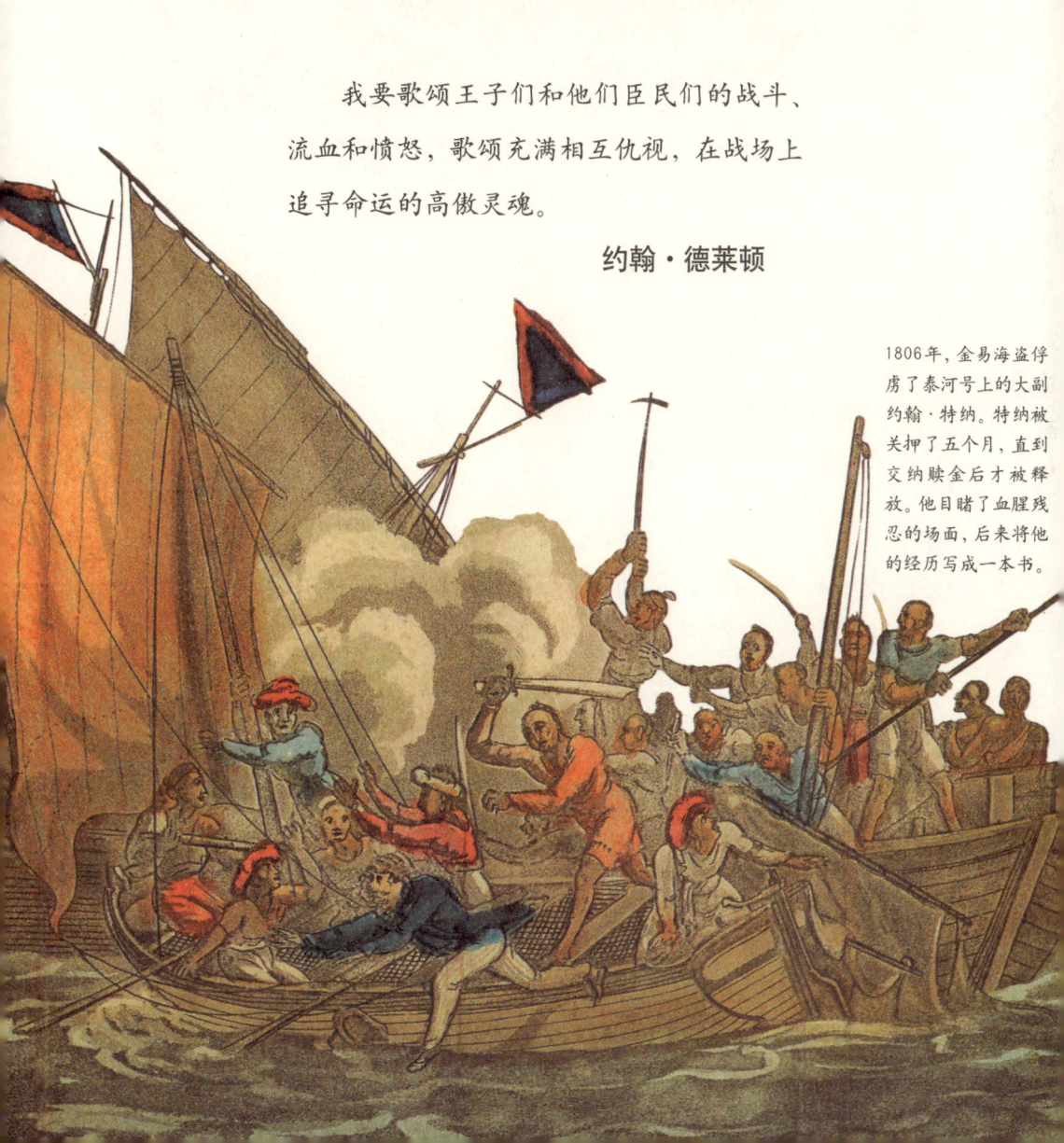

Story Of Pirate
海盗的历史

第九章
古代中国海盗

我要歌颂王子们和他们臣民们的战斗、流血和愤怒,歌颂充满相互仇视,在战场上追寻命运的高傲灵魂。

约翰·德莱顿

1806年,金易海盗俘虏了泰河号上的大副约翰·特纳。特纳被关押了五个月,直到交纳赎金后才被释放。他目睹了血腥残忍的场面,后来将他的经历写成一本书。

Story Of Pirate
海盗的历史

A Boatload of Piratical Rascals

在中国，我们可以发现导致海盗泛滥的相同原因。但是也可以看出在大陆性的官僚制度产生的地理政治环境下，这些原因以不同的方式起作用。

15世纪后期和16世纪初期，人们步入航海探险时代，西班牙本土第一次受到了欧洲袭击。而此时中国实行的是集权的农业官僚体制，皇家政权尊崇孔子的思想，国家的东北部受到存在外族的威胁。传统上讲，草原的游牧民族构成中国的最大军事威胁，而并非海上的侵袭者。

中国海岸的地理政治布局特点是单一的主权制度，海岸线从辽东半岛一直延伸到越南。这同地中海、加勒比海以及马来半岛和印度尼西

爱德华·克里创作的水彩画《一船海盗流氓》。19世纪40年代，克里作为皇家海军的医生参加了打击海盗行动；他目睹了越南东京湾海盗船队的毁灭。作为一名有才华的艺术家，他在海军生涯中记录了一本带有插图的航海日志。

鸦片战争时，一艘中国舢板上缴获的三角旗。海军医生爱德华·克里在他1849年10月20日的航海日志中记录："我们估计有五十艘舢板。大舢板上载着一面红蓝色的旗帜，所有的舢板点缀着无数面旗子。"

亚群岛等海域的竞争性的多中心的政治形势形成鲜明对比。欧洲和亚洲处于建立政权和殖民化的竞争过程中。

因为大部分上述活动的发生是在大型常备海军出现之前,因此政权求助于私掠船攻击敌人或邻近海岸。在这些地区,海上力量中心为了从劫掠和攻击中获得利益而相互竞争,努力提升贸易和殖民化的环境。

然而同样的情况没有发生在中国,因为在历史上,海洋不是它主要的控制区域。政府的控制很少延伸到这些海洋。政府对沿海的政策是限制它的影响和防止混乱发生,而不是利用其潜在优势进行对外扩张或寻找财富。中国不原意对没有立足的区域实施影响,因为它认为外面的利益不如内部挖潜。大部分中国人满足于国内贸易,这也是政府管理的核心。

郑和的神秘航行

15世纪宦官郑和远航确是一个例外。但是不同于欧洲,海上探险由具有抱负的个人通过与他人竞争得到政府支持进行,但中国的航行完全是政府出资派遣,最终的目标看起来是在亚洲建立起中国核心的世界秩序。总共进行了七次西行;第一次航行到达了印度西南海岸的卡利卡特;第四次航行到达了波斯湾的霍尔木兹海峡;第五次航行到达东印度海岸的港口。这次航行带回了大量珍奇的货物和香料,也为中国进贡制度下的贸易提供了机遇。

尽管郑和在欧洲海上探险之前就已经进行了最大规模的海上航行,但是机遇没有延续。这样的航行被停止;没有人知道原因,或许是由于来自西北的威胁。

自此之后,政府对海洋也采取了同陆上一样的遏制和抵御潜在威胁的策略,中国人对海洋的姿态也产生变化。由于中国同其它国家的交流受到陆地和海洋的限制,他们对外国人的态度是阻止联系,并非从中获益。对外国人采取控制而并非合作。"防御"通过各种战斗、谈判、"海洋战争"以及和解进行。

尽管郑和航行雇佣了数以千计的个人船员,但是没有授予个人探险、劫掠或者赚取利益的授权。在中国,哥伦布或德雷克这样的人没有机会。

约翰·韦伯描绘的1784年广东河口的澳门。广东河口上、附近澳门和香港地区的商船络绎不绝，也吸引了大批海盗前来抢劫。1800年，海盗势力日益膨胀，公开在澳门建立起据点。

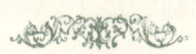

小海盗

在这种体制下，海盗在历史上只能成为"小海盗"，只是无其它生存能力的个人采取的经济上生存策略。小海盗基本上是东南海岸沿海活动的渔民或个人。由于无法承担生活负担，渔民不得不从事小生意。即使如此生活还很艰苦，因此海盗劫掠是过上好生活的唯一希望。对于社会边缘的渔民，海盗是一种生存之道。在中国，小

18世纪的中国茶叶盒。这种类似的装饰精美和制作优良的物件大都从欧洲和北美洲掠夺的战利品。随着中国出口的扩张和繁荣，中国远洋贸易的船只不断增加，也成了令海盗垂涎的目标。

Story Of Pirate
海盗的历史

海盗也是一种冒险，同捕鱼相辅相成，属于季节性的活动。

夏天，捕鱼收成匮乏而且危险，渔民为了生活不得不乘着南风向北航行，沿着海岸劫掠。随着风向改变和秋季的到来，他们会向南航行，回家继续打鱼。根据这一规则，南中国海岸的海盗劫掠在阴历三月和四月会激增。

小海盗帮的头领也是渔民，除了拥有贸易工具和船只外同其他渔民没有区别。他们具有特殊的组织能力，可以在几个小时内摇身变为海盗。海盗头子依靠家庭、朋友和自愿的结交的关系网，很轻易地可以组织起一伙人。

一旦到了海上，这些帮伙会通过俘虏增加人手。受到海盗头子青睐的俘虏甚至会成为小头目。这种升职有时源于同海盗头子的同性恋关系，俘虏会被奖励成为一个小老大。一般最大的小海盗帮派不超过10到30人，船只一到两艘。

中国海岸地图，图中标注了主要港口和贸易口岸。海盗们在不同的时期在海岸为非作歹，海盗最长出现的海域是越南的东京湾以及南中国海的海岸，尤其是雷州半岛和海南岛。

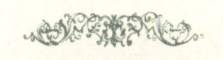

船只和武器

小海盗劫掠使用的工具比较简陋，大都用手操作。标准的渔船被用做海盗船，匕首、长竹矛和砍刀是大部分南中国海海盗常用武器。航行前准备不过是雇佣帮手、准备武器和购买给养。

其目的不过是打劫，对海上的小型船只进行快速攻击。被抓的俘虏或船只需要银元赎回。劫掠到的日用品和食品等回家后卖掉。

这些小海盗团伙的行动很短暂。他们采取游击战术，对目标发起突袭，然后在受害者抵抗前撤退。当巡逻船到达时，海盗船消失地无影无踪。小海盗只在海上游弋几天，随后返回老家处置战利品和分红。

他们处置战利品也很简单：船员可以分到一份，船主和头领可以分到两份。除此之外，团伙内的帮规、合作条款和处罚机制也不是很严格。很多帮派成功打劫后立刻解散，从此不再聚集。其它的海盗帮只是零星地活动。尽管海盗收入通常一般，但是一次打劫的收入也相当于一个农民三个半月的收入。

在18和19世纪，小海盗团伙在中国的周边地区如海南到或者沿海城市建立据点。

从事海盗只是个人谋生的手段，因此小海盗团伙只是在当地活动，从而也限制了小海盗的扩张。尽管经济萧条时期不断延长、人口过渡增加以及海上贸易增长，导致了这一现象的强化，但是小海盗头领和团伙成员没有意图改变其冒险的规模和长度。尽管如此，中国海盗也经历了不断增长的时期。每次的增长都有原因，一些经济或政治因素给与它动力和支持。

一把华丽的清朝大刀，刀刃长约19英寸，有两个铁槽。它有绿色的刀柄，外层是黄铜包裹。刀鞘是黄铜包裹，配有皮质挂带。

倭寇："日本"海盗

当国家的经济政策与社会和经济需求相抵触时，违法商业会大兴其道，从事走私和其它非法海上活动的"经济海盗"出现。最为经典的例子是，16世纪中叶，中国和日本两国间的贸易是被禁止的，这样导致了两国间只能进行秘密交往活动，并且还出现了倭寇的袭击。

在这一时期，中国人的走私热潮受到了白银的驱动。日本在这个世纪初发现了大批的白银、黄铜、和黄金，同时日本对中国的丝绸和棉纺需求很大。但是没有办法实现这些商品的交易。郑和航行结束后，中国政府恢复了禁止海岸商人个人航海和同"蛮夷"进行贸易的禁令。

上图：广东码头地区的船运和造船厂。这里是中国最发达的贸易区，吸引了来自世界各地的船舶。行驶在珠江和进入虎门河口的商船受到海盗联盟的控制，这也是世界上最大规模和势力的海盗联盟之一。

这意味着唯一可以进行贸易的机会就是通过进贡制度实现，到16世纪中叶，中国和日本之间的进贡或"赊"卖贸易逐渐消失。

随着市场需求增加，走私开始繁荣。非法的海上走私贸易取代了进贡渠道。除此之外，新的交换和金融模式也出现了。

起初，这些商人的据点位于中国海岸周边的小岛上。最著名的小岛是双屿港，这个小岛被许氏兄弟占据。以许栋为首的许氏兄弟将贸易延伸到马六甲和日本。

古代运送木材的贸船模型。这种类型的船只是海盗侵袭的目标，海盗会把这种船改造成海盗船。

随着1547年双屿港被毁灭，1548年许栋被杀，以及当地建立起来的贸易网络被破坏，秘密的贸易变成了公开的海盗活动。这些行动对当地的抵抗起到了推波助澜的作用，一个新的港口岳康出现，这里成为了福建海岸走私的中心。同时，随着1551年日本大内政权倒台，日本的西海岸很多大名的港口成为倭寇的据点。尽管倭寇一词字面意义是表示"日本海盗"，但实际上大多数的倭寇袭击是中国人发起的。

他们的头领王直是个中国人，从非法的贸易中积累了大量的财富。他在日本的平户岛有安全的据点。倭寇最为横行的时代是1549到1561年，长江下游的城市也受到了倭寇袭击。

朝廷实施了剿灭战争。到1557年底，朝廷的剿灭措施起到作用。王直被引诱回国进行谈判。在得到可以在浙江地区部分通商的许诺后，王直向朝廷投降。但是最终皇帝食言，1559年将王直处死。

从此之后，朝廷逐渐重新控制了福建沿岸和广东沿海。除了军事控制外，1567年初日本外对外贸易全方位的开放，从而结束了海盗横行的局面。此前奇缺的商品丰富起来。禁止与日本贸易的禁令被葡萄牙打破。葡萄牙人在1520年左右到达中国，同中国当地政府谈判后取得了澳门的居住权，这里也成为中日贸易的基地。通过葡萄牙人的中转，中国的丝绸到达日本，日本的白银以及从日本转口的墨西哥和秘鲁白银来到中国。同时，台湾也成为中日贸易的中转站。

中国的政治海盗

尽管中国的统治者不以贸易、袭击或殖民的目的资助海盗，但是中国的政治体制却为海盗发展提供了契机，尤其是在

中国海盗使用的武器多种多样。上图的这种长刀，还有匕首、短刀、竹矛和长梭都是他们常用的武器。

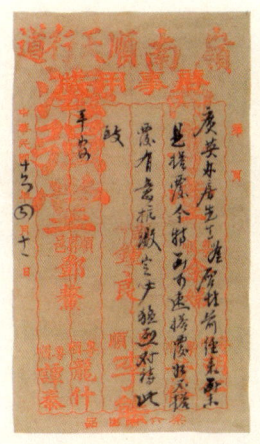

19世纪中国的勒索信。中国海盗组织严密，甚至具有官僚制度，记录活动，起草契约等。商人是他们攻击的目标，海岸的村庄也经常收到他们的袭击。

政治混乱和朝代更替时代。如明末清初时，势力强大的郑氏家族的成员们加入了不同的政治阵营，为海岸的控制权展开争夺。

这个显赫家族的海盗长老是郑芝龙，他的父亲是个小官员。郑芝龙为了获取财富，前往澳门同欧洲人做生意。1624年，他加入了一个海盗团伙专门打劫中国和荷兰商船。

受到骚扰的明朝按照历史惯例试图收买他们为朝廷卖力。经过三年的招抚，郑芝龙同意归附朝廷，并且因捉拿其他海盗有功获得提升。1629年，他被任命守卫福建，并被允许保留自己的武装。郑芝龙通过收取"海上保护费"和海上贸易收益聚敛钱财，同时向首都缴纳税金，并且贿赂高官。很快他被提升为高级官员，他成为通过从自己海上帝国获取的财富获得朝廷尊重的军事首领。

当时明朝正同满清作战，混乱的政治形势使得郑芝龙受到两个阵营的拉拢。退守到南方的南明政权册封他为"南安伯"，并且命令他率兵守卫都城。但是郑芝龙无法离开自己的据点，他拒绝出兵，并且开始与清朝谈判，最终于1646年投降。

郑成功的海盗军

但是郑芝龙的儿子郑成功拒绝跟随父亲投降清朝。他组织军队继续为南明效力。

他受到明朝和清朝的招抚。1655年初他在福建建立了七十二个据点，完善了自己的军事组织。他最终接受了南明封赐的"延平王"封号。后来，他在南京一战中被清朝击溃，不得不退守厦门。

但郑成功还远未被消灭。他仍然在海岸一线具有强大的势力，1660年，他的军队在厦门大败清朝军队。后来，清朝和他谈判破裂，他迫使清朝陷入一场持久的消耗战。为了分化郑成功的势力，清朝政府处决了郑成功的父亲郑芝龙（投降清朝后被剥夺军权，并被软禁在北京）。在清朝的挤压之下，郑成功把自己的力量转移到台湾（1661年郑成功从荷兰人手中收复）。

清政府对台湾郑氏家族采取了封锁孤立的战略，在沿海地区采取禁海的政策。福建、广东和浙江沿海先后禁海，到1665年，大多数海岸被破坏，村镇被烧毁。直到1683年郑氏家族被击败，台湾被清朝收复，这项政策才有所缓和。

国际海盗和私掠船

按照西方的观点，中国政治体制没有鼓励海盗和私掠船劫掠，但是在越南边境地区，政权利用私掠船来扩张领土，这也给了中国的小海盗扩张活动范

一个中国海盗正在砍下一个受害者的头颅，在他身上已经悬挂着一个砍下的头颅。在东方，斩首司空见惯，海盗像把头颅当作战利品收集。在袭击村庄时，斩首是一种恐吓的手段，往往能迫使村民交出藏匿的钱财。

中国平底帆船上的长条旗。各种不同的旗帜和长条旗用来区别船只和船主。朝廷的水师悬挂帝王的旗帜，此外在风帆上还有用来辨别的字体。海盗船只使用不同颜色的旗帜辨别舰队旗号，指挥船一般会悬挂一面带有显著图案的大旗子。

围的机会。

在18世纪后期，越南（古称安南）持续两百年的政治秩序被一场叛乱破坏。当时的越南统治王朝黎氏家族实际上已经被两个竞争的家族控制：北方的郑松和南方的阮潢。这场叛乱的领导者是阮文吕、阮文岳和阮文惠三兄弟，他们来自西山邑，所以这场叛乱故名西山起义。起义军势如破竹，很快击败了阮潢。1785年，随着南方平定，起义军于1786年占领河内。越南皇帝不得不求助中国。1788年，三支中国军队进入越南帮助恢复皇权。同时，阮潢的后代还在南方进行反抗。

面对这一挑战，西山起义军宣布阮文惠称帝，全力驱逐中国入侵；当时中国的皇帝乾隆意识到西山王朝已经控制越南，赐封阮文惠为安南国王。

西山王朝的中国海盗

越南的战乱给了中国海盗崛起的契机。越南的西山王朝雇佣了大批中国海盗为其服务。1792年，西山王朝统治日益不稳固，西山王朝皇帝派遣船队前往海盗横行的海岸征募私掠船。被征募的中国海盗参加了所有西山王朝的海上战役。

相应西山王朝征召的中国人多是南中国海岸的小海盗。最有名的海盗是郑七，此人家族世代以海盗为生。郑七于1788年加入西山军。

1795年，郑七和同伙建立起一个海盗帮，在中越边界为非作歹。逐渐地，郑七势力不断扩张，手下拥有九个小帮派。1801年初，郑七在归仁战役失败后逃回中国，随后在广东落脚。继续从事袭击要塞和劫掠商船的勾当。

郑七在西山王朝倒台之前回到越南，为西山王朝带来了一支200艘平地帆船的舰队。他也因此被赐封为"大司马"。郑七的舰队参加了河内保卫战,最终河内失守,西山王朝被消灭。阮福映进入河内并且俘虏了西山王朝的皇帝,将他关押在囚笼里游街。新皇帝的第一个举动就是向中国派遣了一支进贡使团,贡品中包括了被俘的三名海盗头领,表明越南不再支持中国海盗。六周后,阮福映斩首了郑七,并且攻击了他的巢穴。

然而海盗们及时吸取了教训。海盗的体系很完善,无论西山王朝的败落和四个重要海盗头领的被杀,还是海盗巢穴的丢失都无法消灭这个体系。海盗们组织严密,可以不显眼地返回以前生存的社会中。郑氏家族以及中国海盗本身在失去越南以及其它靠山后达到了其鼎盛时期。中国海盗返回家乡,并且组织起一个联盟。这个联盟可以令他们生存,不是在世界的某个偏远角落里苟活,而是在不利的环境下建立起一个国中之国,生存在商贸最为发达和人口最密集的地区。他们不是特立独行地进行环球航行或劫掠,而是在政府的眼皮底下调动着手中的资源。

在世界大部分地区,当地的海盗只是劫掠外国的船只和货物。打破这一规矩则意味着他们死期不远。但是在中国确是相反的情形,中国海盗普遍劫掠中国的船只。

中国海盗刚从越南回国时,他们发现自己陷入了一场争夺资源的互相残杀。在这种冲突的环境下,以前结盟松散的帮派之间互相混战,直到1805年结束。这时候海盗的领导权落入郑氏家族另外一个成员,郑七的远房堂弟郑一手中。

关于郑一的大部分记载已经丢失,我们只是知道他参加了西山军,1801年回国加入郑七的帮派。郑一后来娶了青楼女子石香姑为妻,被人称为郑一嫂。

联盟

1804年,郑一和他的妻子将互相残杀的海盗帮派组织成一个联盟,这个联盟中有400条平底帆船和七万成员。不同于小海盗帮成立的特别步骤,联盟的形成是1805年广东七个主要海盗头领立"立合约"的结果。它的目标是规定联盟成员的内部行动方式、海上行动和联系方式、以及同外界进行生意的方式。

按照合约,每艘船都要编到舰队中,并且可以清楚地识别。任何任意篡改旗号

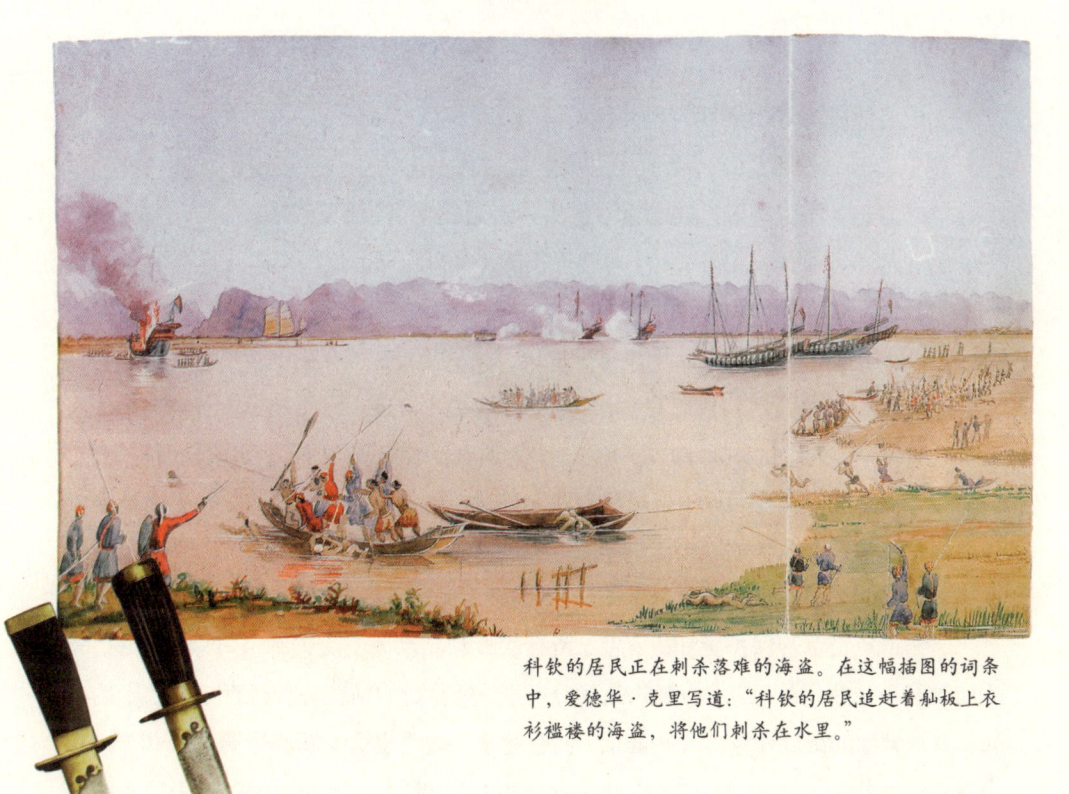

Story Of Pirate
海盗的历史

科钦的居民正在刺杀落难的海盗。在这幅插图的词条中,爱德华·克里写道:"科钦的居民追赶着舢板上衣衫褴褛的海盗,将他们刺杀在水里。"

19世纪中叶的一对中国匕首。匕首的把手呈锥形,并且包裹着黄铜箍套。刀刃微微弯曲,刀刃背面后沿锋利。这种匕首形状扁平,适合插入剑鞘中,是种很好的武器。

的船只将受到严惩。禁止海盗们互相争夺战利品,不得私自进行劫掠行动,也不得相互残杀。合约也表现出海盗将联盟看作是正在形成和已经存在的组织。合约的宗旨很明显,就是"会同众议,以肃公令","抗行例约者,合众纠办"。

同松散的小海盗帮派不同,联盟基于等级和内部帮派从属概念上。起初联盟中有七个帮派,后来变成六个。每个帮派拥有70到300艘不等的船只,分别是红旗、黑旗、白旗、绿旗、蓝旗和黄旗舰队。最大的一支是红旗,拥有300多艘船和2到4万人。

舰队的首领大都参加过西山军。蓝旗头领乌石二早年在广东依靠敲诈为生。加入西山军后,他被封为

"海上大将军"。西山军顺化一战失败后，他同郑七结盟攻击海上运盐船，后来加入郑一。最后他成为雷州半岛的老大。

黑旗首领郭婆带生于一个渔民之家。他被郑一抓住后加入西山军。回到中国后，他成为一个海盗头子。其它旗号的头领也是在越南时结识的郑一。

每个旗号下面又由若干10到40艘规模的小船队组成。这些小船队是联盟中的基本建制。

小船队下面就是独立的船只，小船队的老大被称为老板，实际上是小海盗帮的老大。老板一般掌握几艘船，有时也会被指派负责新俘获的船只。每艘船还有一个小头目掌管船只。小头目负责战斗时的指挥。小头领由上级指派，拥有一定的任命权力。

舵手负责航行和操船；一艘船配有两个舵手。由于操舵需要经验，舵手多是从外面雇佣。朝廷水师中的舵手流失严重，大都加入了海盗。舵手下级是3到4个负责甲板执勤的船员和2到3个负责操炮、抛锚和烧香的水手。

出纳员负责掌管保护费和战利品。所有的战利品都要上交进行重新分配。海盗的出纳员登记战利品，然后由舰队头领分配。一般原始的捕获者获得百分之二十的战利品，剩余的部分作为"公共基金"储存起来。货币也会交给小舰队的头领，再由他孝敬舰队头领一部分，只分给捕获者一小部分。剩余的部分会保存起来购买给养以及提供给那些没有打劫到战利品的船只。

海盗巢穴

海上活动需要依靠陆地补给和栖身，因此陆地的巢穴成为小海盗以及专职海盗生存的关键。18世纪和19世纪初，中国的小海盗将巢穴建立在边境地区，海南岛周边或者越南海岸地区。而联盟的海盗将巢穴建立在位于广东中心的水道附近。同时，每支舰队还有隶属于自己的活动领地。

从越南返回中国后，海盗在远离朝廷控制的雷州半岛建立了第一个巢穴。随后向外扩张，占据了雷州半岛侧翼的两个小岛。这里地理位置优越，可以便利地穿越狭长的琼州海峡。随后海盗继续向东扩张，在香港附近的一个小岛上建立起第二个巢穴。从此海盗可以方便的出入珠江，驶入广东省的主要水道。海盗占领了海岸周边大部分小岛，控制了珠江的主要通道。

海盗联盟建立后，各个旗号领地根据旗号头领的出生地划分。蓝旗、黄旗和绿旗的头领是广东西部人，因此将巢穴建立在雷州半岛；红旗、黑旗和白旗的头领在广东东部活动。

这些海盗的活动范围不断的扩张，他们同伙的势力也延伸到广东的各个地区。1805年朝廷逮捕了500多名为海盗提供给养和武器的同伙，但是对他们的活动丝毫无损。

平底帆船和武器

海盗使用的船只从平底帆船到小舟多种多样。在其势力鼎盛时期，海盗联盟拥有200艘远洋平底帆船（洋船），每艘船可载300-400人，配有20-30门火炮。这些船同来往于印度和中国之间的英国船只大小相当。

海盗拥有的海船数量比远洋平底帆船多，这种海船被海盗用于沿海海域活动。大部分海船是由长12米，宽4.2米的商船改装，可以装载200名船员和12到25门火炮。整个海盗联盟拥有600到800艘海船。

此外，海盗联盟还拥有许多用于内河航行的小帆船。这些船大部分是只有1到2面风帆的划舟，可以装载18到30人不等。船上的武器大都是长矛和大刀。海盗使用这些船用于大船之间的联络，以及在夜间偷袭那些未能缴纳保护费的村庄。

海盗船上装备的武器五花八门。1806年，红旗舰队的旗

1800 年制造的武装平底帆船

　　这是中国东南沿海地区海盗使用的小型平底帆船。这种船起初是为海上运输建造，但是海盗缴获后在甲板上以及船的两侧安装火炮，将其改装成武装帆船。

　　19世纪初在中国南部海岸活动的海盗联盟拥有600-800艘类似的帆船。在西方人眼里，这种简单的船帆和船体布局很原始。但是帆船的帆装很有利于航行，因此这些船的船速很快。这种武装海盗帆船是对毫无防备的商船具有很大的威胁。这些海盗帆船在海上所向披靡。直到荷兰和英国的蒸汽炮船引进中国，这些海盗帆船才遇到对手。

1　用于加固船帆的竹制板条
2　船尾吊柱
3　提升船舵的绞盘
4　加长的船舵支柱
5　大船舵，由草绳固定，可以防止航向偏差
6　装有炭炉的厨房
7　围栏上的可旋转火炮
8　托架上的六磅火炮
9　用于压舱的石头
10　四磅火炮
11　水桶
12　藏宝柜
13　锚索
14　起锚绞盘
15　船首吊架
16　主锚

⑧ ⑨ ⑩ ⑪ ⑫ ⑬ ⑭ ⑮ ⑯

1841年"内梅西斯"号与海盗船作战的情景。"内梅西斯"号是一艘蒸汽船,属于英国东印度洋公司。她曾参加过多次皇家海军的反海盗行动。

舰上装备了十门火炮,包括两门18磅长炮和八门6磅小型炮。到1809年,仅甲板上安装的火炮数量就增加到三十八门,包括两门24磅火炮和八门18磅火炮。海盗船上的火炮约60到3000斤重。大部分火炮由不同等级的生铁和铁屑铸造。

海盗使用的武器还包括一种中国制造的土炮。这种土炮做工很粗糙,类似于18世纪欧洲早期使用的旋转火炮。此外,海盗还使用老式的火绳枪和猎枪。海盗不太懂得武器的保养和操作,因此其威力受到质疑。

海盗使用的最致命的武器是竹矛,非常适合用于白刃战。大部分竹矛长约14到18英寸,可以像标枪那样

这是一把有波浪形双刃的马来短剑。17世纪时,人们在马来西亚海域发现了一艘中国海盗的沉船,这把剑就在残骸中。这把短剑上镶嵌着黄金和珍宝,应该属于海盗头目使用的武器。

投掷。海盗还有一种长度较短的竹矛，矛的两侧都被削成尖利的刀刃。除此之外，海盗们还挥舞着各式各样的大刀，军火库中还堆放着大量的弓和箭。海盗的弹药供应充足。大部分弹药是从被缴获船只获得或者从朝廷要塞中偷窃，然后由广东或澳门的中间人走私给海盗。

有了源源不断供应的武器，装备精良的舰队看起来像无坚不摧的海上堡垒。

船只和武器只是构成一个强大的海盗组织的基础，还需要头领指挥其运作。但郑一注定没有担任头领多长时间便死去，关于他的死亡原因众说纷纭。有人说他是被风刮到海中淹死，还有人说他是在战斗中被炮弹击中身亡。

海盗郑一嫂

尽管郑一的结伙人渴望继承郑一的地位，但是权力无可争议地落入他的遗孀郑一嫂手中。她利用个人关系取得了在联盟中至高无上的权力和地位。

但是仅此而已还不能稳固她的地位，她必须为红旗舰队选择一位新的头领。新头领必须要具有领袖气质，郑一嫂可以毫无顾忌地授予他指挥红旗舰队以及向其他海盗头领发号施令的权力。此外，此人必须赢得下属的尊重。同时新头领必须绝对效忠于郑氏家族。

唯一合适的人选是张保仔。张保仔曾经是郑一养的男童，后来被他收为养子。他屡屡得到郑一的提

战斗中的郑一嫂，这位声名远扬的女海盗头子控制了南中国海上的海盗联盟，手下有海盗5万人之多。这幅插图选自1836年出版的《各国海盗史》。

1849年,从海盗头子十五仔旗舰上缴获得丝制海盗旗。这面精心装饰的海盗旗上的图案是中国人尊拜海神圣母天后。每艘海盗船上都有一面旗帜,由旗手带领船员进行攻击。在英国皇家海军围攻中,十五仔损失惨重,仓惶逃亡。后来他被朝廷招安,做了一个小官。

升,成为联盟中重要的一名成员。

1807年,郑一嫂需要一位副手,张保仔成为最佳的人选。自加入海盗联盟以来,张保仔从未效忠过任何其他海盗头领,但是却显示出非凡的领袖气质。郑一嫂为了进一步控制张保仔,两人成为情人,后来成为夫妻。

海盗的约法三章

成为联盟头领后,郑一嫂颁布了一套规约,将联盟中的个人主雇关系转变成更加正式的权力关系。这套规约简短而严厉。任何擅自行动或违反上级命令者将被砍头。偷窃公共财产或偷窃为海盗提供给养的村民财产者也会被斩首。逃跑者或擅离岗位者将被割耳示众。强奸女俘虏者将被斩首,如果两人通奸,海盗被斩首,女俘虏将被沉入海底。

根据一名俘虏证实,海盗的规约非常严格,所有违背规约者会立即受到惩罚。在规约的严厉约束下,海盗们在战斗中英勇无畏,即使身处绝境也毫不屈服。

郑一嫂还建立了财政制度和军事制度,这些制度与海盗的生存息息相关。与小海盗不同的是,联盟海盗的活动不再是一种生存策略,而成为一种经济创造的形式,此特点是复杂的财政活动。小海盗完全依赖海上偶然劫掠的船只生存,而海盗联盟成为一种生意,劫掠只是其活动的一个层面。不同于小海盗们无组织的袭击,职业海盗的活动更加具有组织性和计划性,其实施更加系统化。海盗联盟使职业海盗劫掠大型船只以及肆意在南中国海为非作歹成为可能。同时,也使得职业海盗能够袭击岸上的村庄、市场、粮田以及军事要塞。

在海盗联盟中,对俘虏、船只、甚至村庄的勒索更加系统和专业化,甚至外国人也成为受害者。对海盗没有用处的船只需要支付赎金才能赎回。俘虏也需要支付一笔赎金才能赎身。外国人的赎金高达七千西班牙比塞塔。

保护费

收取保护费是海盗最为稳定可靠的财政来源。在黑社会的帮助下,海盗将目光投向盐商。盐商们发现向海盗缴纳船只通行费比起被海盗打劫要划算得多。到1805年,海盗完全控制了广东的盐业,每艘运盐船只必须向海盗缴纳保护费。甚至海盗还为运盐船护航。

通过收取这些固定的费用,海盗建立起一套可以一年四季获取巨额收益的制度。当海盗将黑手伸向了所有海上航行的船只,以及大量陆地上的村庄时,他们的力量达到鼎盛。缴纳保护费后,商人、船主们、舵手以及渔民会收到海盗头领签署的证明。通常这些费用按年收取,也可以购买临时的航行许可证。每趟航行要支付的保护费根据货物价值确定。

保护许可证可以从船上的海盗头领和岸上的海盗代理人那里获得。随着海盗势力扩张,海盗联盟在海岸上建立了一些收费站点,甚至在广东设立了一个收费办公室。海盗联盟的总部设立在澳门,海盗的帮凶们在这里出售保护许可以及向海盗供应武器。海盗的头领们严格认真地执行保护许可上的条款,联盟中的所有成员必须严格遵守。船主在受到海盗拦截时,只要出示保护费许可证就必须放行。通过这一制度的成功实施，海盗联盟可谓衣食无忧，不用担心缺钱的问题。

海盗联盟在中国最富裕的商业核心地区能够生存主要依靠的还是其军事威力。作为一名富有能力的军事战略家，郑一嫂将她的力量部署在海岸一线。依靠充足的准备和筹划，她屡战屡胜。这样不仅巩固了保护费体系，而且在军事上压制了广东水师以及朝廷的陆地要塞。

海盗在海上的军事实力不断增强，基本控制了海上运输线。清朝水师迫于海盗的威力，遇到海盗也是退避三舍。到后来，清朝水师竟然不敢出海巡逻。骄狂的海盗号称一艘海盗船可以抵得上四艘军舰的战斗力。

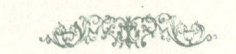

洗劫沿海地区

海盗在海上横行霸道，在陆地上也同样不甘示弱。他们能够迅速集结力量对陆地上进行抢劫。陆上的最佳目标通常是沿海的要塞，因为这里总是贮存着丰富的物资和给养。一般会有三百名海盗一起冲入一个港口，将值班的官兵制服。这种事情司空见惯。在袭击港口时，擅长肉搏战的海盗会让他们较大的船提供火力掩护，而让小船直接进行攻击。最后海盗还会袭击岸上的居民，洗劫村庄、集市和稻田。

1808年海盗开始采取军事行动。他们把前往广东

海盗头子徐亚保原来在香港靠理发为生，后来投靠十五仔的海盗帮，成为一支海盗舰队的头领。他的巢穴位于香港附近的一个海湾。1849年，他被达尔林普尔·海率领的一支英国皇家海军包围。徐亚保的舰队被击毁，400人被歼灭。徐亚保受伤逃跑，后来因叛徒出卖而被捕入狱。他被判处无期遣戍之刑，但是因不堪受辱而在狱中自杀。

1849年10月1日徐亚保的海盗船队遭到重创。这幅水彩画由爱德华·克里绘画，他亲眼目睹了这次战役。英国指挥官达尔林普尔·海在大败海盗船队后，派出一支小分队上岸将海盗的船坞和里面的船只一并摧毁。

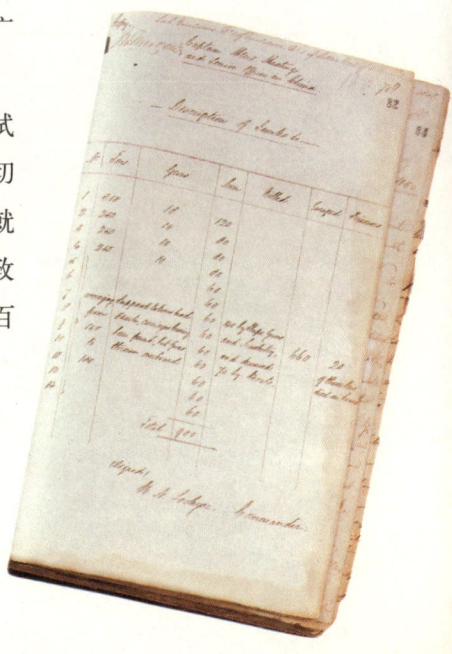

执行特殊任务的浙江省提督杀害，以此显示海盗的势力。六个月之后，海盗将广州的防御船只摧毁大半。这次行动使朝廷的海军力量锐减，不得不临时征召私人渔船填补军队。两广总督的在海上与海盗进行对抗的想法彻底失败。朝廷的舰队也损失过半：在海上航行的船没有停靠在船坞中等待维修的平底帆船多。广州的防御力量薄弱，达到历史最低水平。

由于"海战"政策效果不佳，朝廷开始反复尝试"安抚"政策，希望与海盗通过和平的方式结束一切纠纷。但海盗对这个提议要么就是不感兴趣，要么就是在拿了遣散费后不久又"重出江湖"。1809年清政府的希望随着新两广总督百令的上任而重新燃起。百

洛克耶船长报告中的表格反映了1850年3月5日"美狄亚"号执行任务的情况。英国方面没有关于伤亡的报道。该报道目前收藏于公共档案馆，中国香港地区海盗档案记录（1835—1852），第四卷。

215

1850年3月，英国螺旋桨式炮舰"美狄亚"号以及13艘平底帆船联合打击香港一带的海盗活动。正如画上所绘，英国炮舰全副武装，船上的烟囱里正冒着黑烟。这艘船一直追踪到海盗的老窝，现在正有计划地摧毁海盗的平底帆船。

令积极扩充海军的同时还配合使用"海禁"政策。这项政策旨在阻止或削减海盗与沿海地区的交往，而与此同时又不会造成沿岸居民的撤离和迁徙。这项政策的推行使海盗限于孤立无援的境地，可以搜掠的财物也急剧减少。但是，与其坐以待毙，海盗宁愿深入内地进行活动。

海盗向内地推进，广州告急。1809年8月，海盗张贴告示，表明他们要攻击广州的意图。几周后，美国的五艘纵帆式帆船为了安全起见逃到了澳门附近。海盗抓获了葡萄牙总督蒂莫尔乘坐的船，并且在珠江一带实行封锁，阻止刚从暹罗来中国的朝贡船。

欧洲国家与清政府的谈判

清政府对海盗活动一筹莫展，不得不掏出王牌——与外国联合，"借师助缴"。清政府仍然采取其一贯的方式，即，利用外国为清政府服务，但同时还要与他们保持距离。十年来，朝廷想尽各种办法但都未能成功镇压海盗活动，如今只能寻求英国、葡萄牙这样的"蛮夷"之国的协助。1809年9月，清政府照会英国，提议雇佣英政府船只解救从暹罗来的进贡船只。

经过两个星期的谈判之后，东印度公司的管理人员终于勉强同意。9月15日，英国派出"水星"号，船上装备有20门大炮和务实名美国志愿者。与此同时，中国与葡萄牙也签订了协议——租借六艘军舰与清朝海军一起巡航六个月。

真正开始行动是在11月19日。海盗发现自己已被清政府和葡萄牙的联合舰队包围。广州城内到处散布着海盗就要全军覆没的谣言。11月28日，一切准备就绪。朝廷派出火攻船。但正在此时，风向发生了改变。火攻船将两艘朝廷的船点着了。

海盗联盟的结局

事实证明，清政府和西方国家都无法完全消灭海盗联盟。最终，由于红旗舰队与蓝旗舰队之间的不和导致大部分海盗"归顺朝廷"，那些极其顽固的海盗还在负隅顽抗。郑一嫂和其他妇女很有谈判技巧，在她们的极力争取下，朝廷同意她们可以保留大部分战利品。普通海盗可以加入朝廷军队，一些海盗头领获得了朝廷授予的官衔。但是这些海盗不习惯在偏远的地区生活，也不原意探索新的世界，获取未发掘的财富和资源。相反，他们愿意在朝廷的紧密控制下执行近海巡逻的任务。

尽管大部分海盗肆意吹嘘能够颠覆朝廷，但是他们却未能实现这个目的。最终，他们无法赢得贵族精英的支持，这些人是建立中国政治权力不可或缺的力量。他们也无法建立非个人和有能力永久存在的组织。因此，当它的头领引退后，海盗联盟随之瓦解。它的瓦解也标志着世界上最重要的纯粹以海盗为目的的海盗组织结束：海盗的存在不牵扯其他政治、经济或社会原因。就我所知，这六支旗号海盗头领的个人能力是其组织能够存在的根本。在攫取当地经济资源上，这些头领比朝廷的官员更胜一筹，而且可以依靠军事力量巩固自己的这种"权力"。

二十年后，时代步入18世纪30年代，鸦片的泛滥给了这些海盗的儿孙们一种存在的理由。

第十章
现代海盗

"当今的海盗其实就是抢劫犯和盗贼,唯一的不同就是这些行为发生在海上。"

J.瓦杰

一名菲律宾海盗正蹲在装有外伸支架的船上,手里端着枪,严阵以待。多年来,菲律宾群岛以及印度尼西亚附近一直被海盗骚扰。这些海盗躲在无数小岛上的河道里,袭击过往商船。这些商船上通常只有很少的船员,是很容易受到攻击的目标。

Story Of Pirate
海盗的历史

任何对当今海盗进行的有意义讨论因为两个主要因素而变得复杂。因素之一是至今还没有有关"海盗"的确切定义，之二是仍然缺乏"海盗"活动的详细资料。1958年的联合国公海大会和1982年的海洋法大会将"海盗"定义为：发生在公海的船只上，并且带有私人目的袭击行为。这些行为涉及暴力、非法拘留人质或财物，以及盗窃或毁坏财物。

但是这个定义包含了两个限制性条款。一是袭击行为是以私人获利为目的，这就很难界定袭击者和他们的动机。二是袭击发生的地点是公海。因此许多袭击事件被排除到"海盗"这一法律概念之外，除非相关的沿海国家在其领海内受到进攻。

国际商会（ICC）和国际海事局（IMB）则将"海盗"定义为"一种登上任何船只的，企图偷窃或犯下其它罪行的行为，而且在此行为过程中使用暴力。"国际海事局有意不在其定义中提到"实施这种行为的船只"。这是因为很多袭击商船事件发生在港口内。

由于作案手法和地缘分布的多样性，现代海盗问题十分复杂。比如，许多船务公司受到海盗袭击后也不肯向有关部门上报。因为他们担心在船员接受调查期间，公司蒙受重大的经济损失。

但是通过对现代海盗的分析，我们可以发现大部分海盗行为都发生在发展中国家的领海，主要动机是偷窃。从海盗史研究中可以发现，只要有政府的支持（为

南中国海上的海盗。这名戴着面罩和一顶棒球帽的海盗，绰号叫"托尼"。他手持一支自动机枪，这与传统的海盗形象形成了鲜明的对比。

两枚7.62mm的子弹。较长的适用于苏式武器，另一枚适用于卡拉什尼科夫冲锋枪——全球暴徒都喜欢使用的武器。

219

Story Of Pirate
海盗的历史

了国家利益或政府腐败），海盗业就有发展空间。

对海盗熟视无睹

为了便于指挥作案、藏匿或交易赃物，大部分海盗都以陆地为根据地。除此之外，海盗需要他人提供某种程度上的便利，至少能让政府当局对其非法行为睁一只眼闭一只眼。尽管有关国家现行的法律各不相同，但海盗很明白：任何国家在不经过别国允许情况下进入别国领土追击海盗属于侵犯主权。

而涉及公海的法律更加明确。按照规定：一国有权在公海对悬挂本国船籍的船只立法和执法，但是不得擅自使用广播权和非法实施海盗袭击。任何被怀疑有海盗行为的船只可以登船检查。军舰和官方船只有权在公海抓捕海盗船只和海盗。任何国家的任何法庭有权根据法律和刑法对海盗进行审判。

许多国家的政府对术语"海盗"感到惧怕，他们认为该术语太富有感情色彩。比如深受现代犯罪困扰的印度尼西亚，曾经在1994年向国际海洋组织建议使用"海上抢劫"一词。但如果海盗问题要得到有效解决，必须要正视这个问题以及它对商业的冲击。要对现代海盗有通盘的了解，就必须对现代海盗史有所了解。

20世纪80年代的海盗

"现代海盗"的现象最早出现在20世纪80年代，并

现代海盗总是全副武装。他们配备来福枪、自动化武器和现代通讯设备。这支AK-47的枪托可折叠，是一种很容易隐藏的武器。这种武器射击力强，新手也很容易操作。

且受到世界广泛关注。当时有许多媒体报道越南渔船不断受到袭击。泰国海域以及南中国海一带出现了地区性海盗问题。渔船成为最容易袭击的对象,而且各种打击海盗防御措施都不奏效。虽然泰国采取了一些打击措施,但是海盗袭击仍然猖獗。

到1990年,位于印度尼西亚和新加坡之间的菲律宾海峡成为海盗新的狩猎场所。每天有两百多艘船只来往于只有三公里宽的海峡。开始发生在那里的袭击事件大多是非暴力的,通常都是海盗在晚上驾驶快艇登船抢劫。

这样的袭击迫使许多船务公司增强了安全防范。虽然这样的海盗事件时常是报纸的头条新闻,但毕竟只是一种海上抢劫事件,这同陆地上每天发生的抢劫没有太多区别。

但另一种形式的袭击则不能用普通的方式加以处理。比如同时代西非海岸活动的海盗作案时充满暴力,除了寻找现金和值钱的东西外,还会偷窃船上的设备和货物。

东南亚的海盗更具威胁。1990年8月,塞浦路斯籍的"玛萨"号货船正从曼谷驶往釜山。有一批武装人员强行登船,很快制服并关押了船上的船员。海盗改变航向,并且在其它海域抛锚。他们与同谋取得联系后,将船上所有的镀锡货物转移到

1991年6月在菲律宾活动的海盗。如图所示,海盗经常使用形状细长的船只。当地的船都有舷外支架,海盗船通常会有舷内引擎或舷外引擎为船提供动力以便快速追击或逃离。

Story Of Pirate

海盗的历史

柯尔特式自动步枪。其枪筒是来福枪的一半，枪托可伸缩。

一条驳船上。两天后，海盗又将船开到其它海域，将所有船员释放后弃船逃跑。

海盗会对袭击做周详的计划，并且认真的执行。随后在越南海域"海晖"号（音译）又遭到劫持。有组织犯罪也进入该领域。直到今天，该水域有关海盗袭击的报道基本上每天都有。更让人堪忧的是，1991年东南亚发生的115起海盗事件中有27%的受害船只都是装满原油的油轮，因为它们的干舷（吃水线以上的船身）很低，容易登船劫持。

如果穿越狭窄海峡的油船被海盗劫持时失去控制，将对环境和商业都造成严重后果。一时间，这成为人们真正担心的问题。油船一旦失控，菲律宾的港口可能会关闭，新加坡港也不得不停航。据一艘满载石油的油轮报告，该船被海盗袭击后曾失去控制长达70分钟。

奥名远扬的菲律宾海盗埃米利奥正在马尼拉守卫最森严的监狱里服刑。他和他的兄弟赛西利奥以及其他三名海盗都被判无期徒刑。埃米利奥曾参与1991年抢劫油船事件以及许多起偷盗或劫持事件。

在另一起海盗事件中，因为油船不肯停船，海盗竟向其船尾甲板投放炸弹。随后，海盗还用机关枪向船体扫射。"埃克森－瓦尔迪兹"号在阿拉斯加的海域造成漏油灾难的事件仍然历历在目，世界开始越来越多地关注海盗问题。

国际海事局是最早关注船只"失去控制"的机构之一。后来，美国能源部对东南亚受到的威胁作了详细而完全的评估。

虽然形势在不断变化，但是现代海盗只集中于世界上的特定海域，每个海域中牵涉的海盗问题各不相同。

马六甲海峡

马六甲海峡一直是当今世界海盗事件发生最频繁的区域。但是20世纪90年代早期，海盗开始得到有效的控制。由新加坡、印度尼西亚和马来西亚联合执行的反海盗行动使1992年、1993年和1994年的海盗事件发生率呈骤减趋势。

高密度的船运所导致的交通不畅和船只在穿越狭窄海峡时必须减速都诱惑沿岸的居民从来往船只上偷盗货物。通常，海盗喜欢干舷很低的船，因为这样容易登船。

菲律宾群岛

菲律宾也是东南亚地区中深受海盗骚扰的国家之一。马尼拉公布的书籍并没有反映出实际问题的真正严重性。这些数据表明，1983-94年平均每个月发生了九起海盗事件。数据还呈现上扬趋势。1994年每月平均发案次数比1984年每个月的次数多50%。

但是大多数事件都发生在棉兰老岛的水域上，这里是政府军和当地的穆斯林分裂主义者激战的地区。这里的海盗主要袭击桑托斯城外从事渔业的渔民。他们偷窃鱼产品、设备、以及船只。一般在苏禄海域西南面会出现海盗暴力袭击事件。1995年前5个月，警方备案了16起海盗事件，数人被海盗杀害。但是海盗一般不袭击远洋船只，因为成功的机会不大。

菲律宾群岛海盗增多的原因有很多。贫穷和贪婪必不可少。对该地域的监管也因为特殊的地理因素和缺乏执法力度而变得相当复杂。菲律宾有几千个岛屿，其水域面积是陆地面积的六倍。海岸警卫队只有7艘船只负责整个南部岛屿的安全。并且这7艘船体积庞大，速度极慢，海盗船可以轻而易举的甩开追捕。除此之外，当地政府的腐败现象严重，政府承认执法部门和军队有时也与海盗同流合污。

南中国海和东中国海

这一地区的海盗问题十分复杂，涉及大批当地的犯罪辛迪加。香港、菲律宾的吕宋岛和中国海南岛之间的三角地带是最危险的海域。根据国际海事局报告，1991年到1993年发生在该地区的海盗事件占据了整个世界的一半。

在这一地区还发生了多起船只被劫持事件。有迹象表明是中国和日本犯罪黑帮所为。他们利用劫持的船只向北美洲进行非法移民。有报道称，在一些案件中，为了逃避美国当局检查，犯罪分子会凿沉偷渡船只，大批偷渡客被淹死。

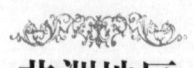

非洲地区

今日的西非海盗已经没有太大势力。20年前，这里却是世界上海盗事件发生最频繁的地区。1981年，尼日利亚海岸被国际海事局宣布为世界上最危险的地方。而现在海盗集中的地区在索马里。这里连年内战，政府的垮台使这里处于混战。最令人担忧的是，该地区的海盗会使用诸如迫击炮、手榴弹这样杀伤性强的武器袭击船只。

海盗通常会把自己装扮成海岸警卫人员（有的时候就是受到贿赂的执法官员）。海盗有时袭击船只的目的仅仅是把又小又慢的海盗船换成大船。

索马里东北部的地区政府对报道中声称政府支持了海盗行为反应相当激烈，他

们对此予以否认。然而"索马里拯救民主阵线"先前承认了政府曾派全副武装的军人乘快艇在多次逮捕外国船只。这些船只被指控在索马里海域非法从事渔业。

中美洲和南美洲地区

中美洲和南美洲地区海盗主要活动在哥伦比亚、哥斯达黎加和厄瓜多尔。但是在巴西的桑托斯和里约热内卢主要港口上，日益增多的海盗最令人关注。20世纪90年代，国际航运联合会将该地区列为世界最危险的港口。1995年，美国驻巴西大使向华盛顿发送了一份报告。这份报告是关于巴西港口及其安全问题，现在已经成为美巴续签两国海事条约的最主要障碍。

巴西的港口容易遭到海盗的袭击。美国目前正与英国、德国、挪威和希腊一起协助巴西政府加强港口安全。1995年6月，巴西总统卡多索承诺采取措施制止商船被袭事件发生，并保证对犯罪活动予以坚决的打击。

加勒比海地区

加勒比地区的海盗大多与贩毒有关，而这种犯罪行为恰恰很难得到有效控制。1981年到1987年期间共有25起袭击事件，其中有一半是对游艇的袭击。美国估计该期间内的失踪人员远远超过了两百人。

各国反应和打击策略

直到20世纪90年代，海盗仍然是国际社会关注的问题。但是最大的问题缺少准确的海盗犯罪统计数据。船运行业对此问题反应强烈，但是缺乏解决的办法。造成统计数据不全面的原因是船主们不愿意报告损失较小或可忽略的犯罪，而且官僚程序非常繁琐。除此之外，船主碍于可能支付高额的保险费用、增加船员工资不愿进行报告，世界的某些不发达地区也缺少报告机制，甚至有些案件发生后没有幸存者。

与此同时，武力镇压成为受海盗影响的国家的主要策略。但有些国家还仍然没有意识到镇压海盗的重要性。有关国家肯为此投入多少精力和资源可以反映出海盗问题对这个国家的影响程度有多大。

20世纪80年代尼日利亚曾一度有对其港口失去控制的危险。尼日利亚政府处决了一批海盗并实行宵禁。据报道，1982年前苏联海军也曾将一批海盗带到海上执行枪决。泰国对袭击越南渔船的海盗的措施也卓有成效，同时泰国还与新加坡、印度尼西亚和马来西亚一起管治马六甲海峡。

由于海盗事件以不同方式，发生在不同地区，因此许多观察家认为应该通过双边协议来共同处理此问题。这当然需要国际社会的合作。但是迄今为止还没有建立国际性的治安组织，因此海盗问题没有得到有效解决，这也引起了更多的政治关注。

印度尼西亚海岸警卫队正在执行反海盗巡逻。许多海盗的袭击时间不会超过10到20分钟，因此最快的巡逻艇也没有时间对被袭击船只进行援救。再加上，在上百个印尼岛屿之间追踪海盗的老窝也是十分困难的事情。印尼人拥有各种反海盗船只，这些船只以前是东德的。

国际社会的努力

尽管如此，联合国、国际海事局等国际机构正在尝试找到一条出路。联合国贸易与发展大会强调要支持国家和机构之间的国际合作。1993年，国际海事局强调要在马六甲海峡建立一支特遣部队，专门负责打击海盗活动。当年6月，国际海事局发表了研究报告，其内容包括：防止商船被袭击的建议措施；由海盗袭击造成的船只搁浅而发生泄漏事件时，港口内有关部门应采取的行动；建立中心机场以记录和分析海盗案例等。国际海事局还建议警察力量和政府应该与周边国家保持联系以便了解海盗的有关动向和信息。

许多专家认为打击海盗问题最现实的方法是建立一系列由专家运作的情报中心。但是理想与现实之间仍然存在距离。国家、法律、资源和文化之间的差异已经成为主要的障碍。

1992年10月，国际海事局在马来西亚的吉隆坡建立了第一个地区性海盗监控中心。该中心主要负责对东南亚的海盗情况的监控和报告工作；同时还负责整理并向全球发布海盗预警。该中心全天候工作，为东南亚地区的船只提供海盗活动情况，搜集海盗的袭击资料并向相关执法部门报告可疑船只的活动情况。该中心获得的所有信息都会进行分析并传发给需要的地方。三年下来，该中心对海盗活动的预防工作已卓有成效。1994年世界范围内的海盗袭击事件数量从1992年的115起下降到90起。

展望未来

但是，海盗能够被一劳永逸的消除吗？现代海盗有多种袭击方式，遍布全球而且还时常受到政府的默许。所有这些特性都证明了任何一蹴而就地解决海盗问题的方法都是不可取的。有关各方优先关注的事情往往存在某种冲突。执法机构将报案和笔录视为重中之重；而船运公司则以如何以最快的速度运送货物为优先考虑的事情。

在理想的世界中，打击海盗最好是多国部队有权进入他国领海抓获和拘留嫌疑人，或对有罪的人收监审查。但在现实世界里，这种事情简直是痴人说梦，不可能发生。但目前所采取的有关措施至少可以使全世界都关注海盗事件。

今天，人们了解了海盗的真面目——是一种残忍的危害经济、环境的犯罪行为，而且可能引起国家间的冲突。消除海盗的工作任重而道远，目前国际社会和一些国家已经开始采取行动，对海盗行为进行遏制。

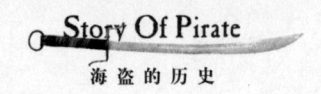

Story Of Pirate
海 盗 的 历 史

  在这场与海盗的斗争中制胜的关键在于世界上的船运公司。他们以及他们的保险公司是主要的受害者。因此在打击海盗的斗争中他们应该助国际组织一臂之力。要相信一点：只要你想，万事皆有可能。

  很久以前，海盗往往在海上航行的时候拦劫船只，扣押船员和乘客。凡是他们认为没有用的人，会被扔到海里去。这就是我们要讲的"To walk the plank"。Plank就是很厚的木板。那么什么是to walk the plank呢？他们先把一块木板放在船的一侧，板的一头从船身伸出去，就像一块跳水的跳板一样。他们逼迫那些对他们没用处的船员或乘客从板上走出去，然后，投入海中被淹死。

图书在版编目（CIP）数据

海盗的历史 / 韩英鑫, 吕芳编译. -- 上海：文汇出版社, 2015.1
ISBN 978-7-5496-1343-4
Ⅰ.①海… Ⅱ.①韩…②吕… Ⅲ.①海盗—历史—世界 Ⅳ.①D59

中国版本图书馆CIP数据核字(2014)第274011号

海盗的历史

编　　译 / 韩英鑫　吕　芳

责任编辑 / 季　元
装帧设计 / 张　晋

出版发行 / 文汇出版社
　　　　　上海市威海路755号
　　　　　（邮政编码200041）
经　　销 / 全国新华书店
印刷装订 / 江苏省启东市人民印刷有限公司
版　　次 / 2015年1月第1版
印　　次 / 2015年1月第1次印刷
开　　本 / 787×960　1/16
字　　数 / 130千字
印　　张 / 14.75

书　　号 / 978-7-5496-1343-4
定　　价 / 40.00元

·版权所有 侵权必究·